KB093553

융합적 인재, 신사임당

융합적 인재, 신사임당

1판 1쇄 인쇄 · 2017년 2월 15일
1판 1쇄 발행 · 2017년 2월 25일

지은이 · 이화형
펴낸이 · 한봉숙
펴낸곳 · 푸른사상

주간 · 맹문재 | 편집 · 지순이, 홍은표 | 교정 · 김수란
등록 · 1999년 7월 8일 제2-2876호
주소 · 경기도 파주시 회동길 337-16 푸른사상사
대표전화 · 031) 955-9111(2) | 팩시밀리 · 031) 955-9114
이메일 · prun21c@hanmail.net / prunsasang@naver.com
홈페이지 · http://www.prun21c.com

ⓒ 이화형, 2017

ISBN 979-11-308-1077-5 04080
ISBN 979-11-308-1075-1 04080 (세트)

값 12,000원

이 도서의 국립중앙도서관 출판예정도서목록(CIP)은 서지정보유통지원시스템
홈페이지(http://seoji.nl.go.kr)와 국가자료공동목록시스템(http://www.nl.go.kr/
kolisnet)에서 이용하실 수 있습니다.(CIP제어번호: CIP2017003009)

지식에세이

3

이화형

융합적 인재, 신사임당

책을 내면서

나는 할아버지 할머니를 뵌 적이 없다. 두 분 다 내가 태어나기 전에 일찍 돌아가셨기 때문이다. 그래서인지 자연스레 친가보다는 외가와 가깝게 지내게 되었다. 그런데 어린 시절의 내가 외가에서 늘 이상하게 생각한 것은 외삼촌들은 모두 고학력에 사회에서 전문직으로 활동하는 분들임에 비해서 이모와 어머니 두 분만 유독 평범한 주부로 사는 것이었다. 또 하나 의아했던 것은 외할머니가 두 분이나 계셨던 점이다. 두 분은 마치 자매처럼 사이좋게 지내고 계셨는데, 나중에 알고 보니 큰할머니는 어머니와 외삼촌들을 낳으신 본처였고 작은할머니는 외할아버지의 첩이었다.

미처 문제로 인식하기도 전 어릴 때 경험한 일들이나 철들면서 의아하게 느꼈던 주변의 미묘한 인간사들이 내 안의 일부를 채우기 시작했다. 더구나 개방적인 사회에서 여성의 역할이 활발함에도 불구하고 충분히 보상받지 못하고 있다는 생각은 나의 관심을 여성 쪽으로 이끌었다. 그리고 오늘날 마주하게 되는 많은 의문들이 보태져 여성을 공부하는 데 토대로 작용했고 그것을 바탕으로 이 땅의 여성들의 삶과 위상에 대한 지속적인 연구를 해왔다.

한국연구재단의 지원으로 수년간 프로젝트를 진행한 결과물인『한국 근대여성들의 일상문화』(전 9권, 2004)와『한국 현대 여성들의 일상문화』(전 8권, 2005)를 출간한 것은 여성문화 연구자들에게 방대한 자료와 연구방법론을 제공한 뜻깊은 일이었다. 그 이후『뜻은 하늘에 몸은 땅에—세상에 맞서 살았던 멋진 여성들』도 저술했고, 최근에는『여성, 역사 속의 주체적인 삶』을 출간했다. 특히 이 책의 독창성은 인문학자의 일관된 시각으로 여성에 관한 다양한 영역을 다룬 여성사라는 점과, 시대를 달리하는 여성들을 '주체'라는 하나의 일관된 주제를 가지고 저술했다는 점이다.

이제 학술저서의 한계를 벗어나 누구나 가까이에 두고 읽을 수 있는 책이 필요하다는 인식 아래 한국 여성의 삶과 문화를 아홉 권으로 풀어 쓰고 함께 나누고자 한다. 이 이 아홉 권의 책은 전통여성(3권), 기생(3권), 신여성(3권)으로 분류하고, 각각의 첫째 1권에서 여성의 교육, 성과 사랑, 일이라는 큰 주제를 잡아 총체적인 틀을 세웠다.

교육은 가정에서든 기관에서든 사람을 변화시켜 인간답게 만들어준다. 어린이의 몽매함을 깨우쳐주고 젊은이의 미숙함을 성숙시키며 나이 든 사람을 지혜롭게 변모시켜주는 게 바로 교육의 힘이다. 성은 인간의 자유를 확인하게 하는 중요한 잣대이다. 윤리적 질서 안에서나마 성적 자유를 시도하거나 제도를 벗어나는 일탈도 끊임없이 일어날 수 있다. 일이 없다면 개인은 물론 사회도 불행해질 것이다. 자신의 일터에서 능력을 발휘할 때 스스로 존재감을 느끼면서 가정과 사회 발전의 밑거름이 될 수 있다. 한국 여성들의 상당수는 부족하나마 교육에 의해 각성되고 감성에 의해 개인적 자유를 누리고자 하며 이성에 의해 공동체적 책무를 다하는 주체적 인간이 되고자 노력했다.

이상의 거시적인 총론 다음으로는 몇몇 여성들의 삶을 각론(각 2권씩)으로 다룰 것이다. 전통여성 중에서는 인수대비와 신사임당을, 기생으로는 황진이와 이매창을, 신여성으로는 나혜석과 김일엽을 대표적인 여성으로 택하여 세상에 맞서 당당하게 살아갔던 여성들의 삶에 관심을 가져보려 한다.

이 여성 에세이가 이 시대를 힘들게 살아가고 있는 많은 독자들에게 '한국 여성'에 대해 관심을 갖게 하고 올바로 이해하면서 조금이나마 삶의 힘을 얻는 기회가 되었으면 한다.

2017년 2월, 봄을 기다리며

이 화 형

차례

융합적 인재, 신사임당

프롤로그

오늘날 '여성'이라고 하면 당당하고 억척스런 모습이 부각되고 있는 추세다. 그러다 보니 온화하거나 겸손해 보이는 여성은 어딘지 부족한 듯한 느낌을 갖게도 된다. 물론 거칠고 강하다는 것이 나쁜 것만은 아니다. 그러나 '상선약수(上善若水)'라는 말처럼 물과 같이 부드러운 것이 모든 것을 이길 수 있다는 이치는 중요하다. 때로는 강건함보다 온유함이 더 의미가 있을 수도 있다. 더구나 온유하면서도 강건한 모습은 더욱 아름답다.

19세기 말 서구에서 유입되어* 오랫동안 사용해온 '현모양처'야말로 구시대의 낡은 유물처럼 여기는 분위기이다. 그러므

---

* 일제강점기인 1906년 양규의숙이란 여학교가 설립되면서 설립취지문에 '현모양처'라는 단어가 처음 등장한다.

로 요즘 현모양처라는 소리를 들으면 불쾌하게 받아들이는 경향이 있다. 물론 일제강점기처럼 현모양처가 억압적 여성의 상징으로 사용된 시기는 있다. 그러나 이글(J. Eagle)이 "여성의 임무는 한 남성을 선하게 만들고 선한 아내가 되고 그리고 자녀들을 올바르게 키우는 일"이라고 말한 바와 같이 현모양처 자체가 비난받아야 할 근거는 없다. 강요에 의해서가 아닌 스스로 부모로서 어린 자식에게 최선을 다하고 자발적으로 아내로서 남편을 존중하면서 자신의 입장을 개진할 수 있다면 가정을 건강하게 이끄는 힘이 될 것이다. 뿐만 아니라 스스로 사회에 대한 관심과 배려를 아끼지 않는 것이야말로 더욱 미덕으로 칭송받게 될 것이다.

한 가지 더 중요한 것 중의 하나는 균형 잡힌 외유내강의 성품을 갖춘다거나 스스로 타인을 존중하고 배려한다는 것은 자신의 능력과 여유에서 비롯된다는 사실일 것이다. 말하자면 온건하게 바른 심성을 보이고 자발적으로 남에게 잘하는 것도 궁극적으로는 자존감에서 우러나오는 자신을 위한 행위라 볼 수 있다. 여기서 무의미한 희생이 아니라 자신의 소중함을 깨닫고 자아를 성취하고자 하는 노력이 고귀한 가치로 대두된다.

그렇다면 외유내강의 덕망을 갖춘 인물이면서도 주체적으

로 현모와 양처의 역할을 수행하면서 사회적 자아로서 책무를 잊지 않는 자존감을 통해 자신의 꿈을 이룬 역사적 여성이 있겠는가. 단연 신사임당이 이에 잘 부합된다고 본다.

하루는 시댁의 일가친척들이 한 자리에 모여 다들 담소를 하는데 사임당만 가만히 있었다. 시어머니 홍씨가 "새아기는 왜 말이 없느냐?"고 하자 사임당은 공손하게 고쳐 앉아 "여자로서 문밖에 나다니지 않아 본 것이 없어 할 말이 없는 것 같습니다." 라고 했다. 그러자 그 자리에 있던 사람들이 모두 부끄러워했다는 것이다. 이같이 사임당은 인내와 침묵으로 일관한 유약한 사람이 아니요 그렇다고 거칠고 방만하게 행동하지도 않았다. 사임당은 천부적으로 온순하고 겸손하면서도 자기 뜻이 분명하고 행동에 절도가 있는 인물이었다. 율곡이 쓴 행장에 따르면 사임당은 친정어머니가 그리워 눈물짓고 계집종이 와서 거문고를 타도 눈물을 흘릴 만큼 감성이 풍부하고 자애로웠다. 하지만 존경하는 친정아버지 앞에서도 당돌하게 느껴질 정도로 질의하고 토론하는 광경에서 이성이 작동하는 냉정함을 목도할 수 있다.

무엇보다 그녀는 부정적인 의미로 쓰는 현모양처는 아니었다. 자녀들이 잘못을 저질렀을 때는 따끔하게 혼을 냈고 남편이 실수하는 일이 있으면 진지하게 훈계를 했다. 즉 그녀는 사랑하는 자녀들에게 확고한 철학을 갖고 세상에 필요한 사람이 되도록 가르쳤고, 소중한 남편에게는 권고와 조언을 통해 진정한 동반자가 되길 원했다. 그리고 사임당은 사회의 비리와 모순을 직시하는 개혁적 사고를 지니고 살아가면서 남편이나 자식들에게 반드시 의리를 실천하고 국가에 봉사하기를 당부하였다. 심지어 주위 사람들의 허물을 옳게 꾸짖어 선비나 군자로 존중받기도 했다. 이렇듯 사임당에게는 가정적 또는 사회적으로 자신의 역할이 무엇인지를 깊이 깨닫고 실천해나가는 주체적인 모습이 역력했다.

종들도 모두 떠받들고 좋아할 정도로 신사임당은 존경을 받으며 활발하게 정신적 주체로서의 삶을 이어갔다. 특히 그녀는 가족과 주위 사람들을 돌보면서 어려운 가정살림을 맡아 책임을 다하는 진정한 주체적 존재였다. 더욱 주목할 수 있는 것은 그토록 분주한 일상 속에서도 자신을 위한 꿈을 포기하지 않고 부단히 노력하면서 차근차근 이루어나갔다는 점이다. 5백여 년 전 조선의 여성 신사임당은 자신의 생각으로 일생의 목표를 세우고 치열하게 자기 주도적인 삶을 살았던 인물이다. 그녀는 하고자 했던 많은 일을 이루었고 자신이 좋아하던 학문과 예술을 성취한 행복하고 위대한 여성이다.

우리는 살아가는 동안 너무나 힘든 삶에 부대끼다 보니 곧 잘 '평범하게 사는 게 제일이지'라고 하든가, '건강보다 중요한 것은 없지'라고 하든가, '착하게 사는 게 최고지'라고 하든가, '하고 싶은 일을 하고 살아야지'라고 하는 등 나름대로 터득한 의미 있는 말들을 쏟아내는 것을 들을 수 있다. 그런가 하면 아주 건방지고 무례하게 '인생 뭐 별거야'라고 하는 말을 들을 수도 있는데, 물론 자조적인 투로 하는 것일 수 있다. 분명한 것은 어느 누구도 인생에 대해 쉽게 말할 수 없을 정도로 인생은 엄중하다는 점이다. 오히려 우리가 오래 살수록 '어떻게 살아야 할지 잘 모르겠다'는 진정성 있는 넋두리를 늘어놓게 되는 이유도 여기에 있다.

그렇다. 우리는 더욱 진지해져도 된다. 아무리 발붙이고 사는 현실이 중요하더라도 꿈과 이상을 버려서는 안 되고, 비록 안일과 향락의 욕구가 위협하더라도 보다 나은 가치를 지향하지 않으면 안 된다. 즉 무의미하거나 소비적인 삶을 넘어서서 가치 있고 생산적인 삶을 사는 것이 인간의 도리이다. 문화 창조적인 삶을 기대하는 현대인이라면 역사 속에서 이상적인 존재를 찾아보는 것은 당연하다. 과거는 미래 창조의 원천이기 때문이다. 다행스럽게도 신사임당이야말로 문화 창조적인 인물로 당당히 우리 앞에 다가설 수 있는 여성이 아닐까 생각한다.

특히 미래는 교육에 달렸다고 한다. 교육의 중요성에 대한 각성이 어느 때보다 절실한 요즘 '가정교육'의 가치를 얼마나 인식하고 가정교육에 대해 어느 정도 관심을 갖고 있는지 의아할 수밖에 없다. 솔직히 오늘날의 우리의 현실은 가정교육의 부재라 해야 할 것 같은 우려마저 든다. 가정의 권위를 나름대로 지켜나가던 아버지마저 사라지고 '아빠'만 남은 세상이라는 걱정을 낳고 있는 게 현실이다. 이에 가정교육과 관련 우리에게 귀감이 될 만한 역사적 여성으로서 투철한 교육관을 지녔던 신사임당만한 인물도 흔치 않을 것이라는 믿음이 새로이 든다.

안타까웠던 것은 역사적 흐름에 따라 신사임당이 자신의 정체성과 거리가 멀어졌던 점이다. 독립적으로 '신사임당 자신'에 대해 평가되기보다 17세기 중반 이후로 갈수록 유교적 이데올로기에 의해 '율곡의 어머니'로서의 역할에 비중을 두고 평가되는 편이었고, 이때 바로 사임당은 현모양처의 상징이 되기 시작했다. 그 후 일제강점기에 우리 여성이 현모양처가 되길 바라는 식민 지배권력에 의해 신사임당도 크게 부상했고, 1960~70년대 박정희 정권에 의해 조국 근대화를 위한 민족적 영웅으로 다시 부각되었다. 그러나 다행스럽게도 이제 사임당을 정치적 목적에서 분리시켜 독자적으로 보는 시도 속에 어느 정도 새로운 담론이 이루어지고 있다.

다만 아직도 '신사임당'이라고 하면 부정적 이미지를 내포하는 '현모양처' 운운하는 현상이 사라지지 않아 생각이 바뀐다는 것이 얼마나 힘든가를 실감나게 하고 있다. 한편 전환적으로 신사임당을 한국 여성이 본받아야 할 최고의 여성이라든가 대표적인 슈퍼우먼, 알파걸 같은 여성이라는 말들을 하지만 지금까지 명확하게 그녀의 정체성을 규정짓는 데는 미흡했다. 이에 그녀에 대해 새로운 평가와 더불어 엄정하게 호명하기가 요구된다.

지금이야말로 그녀의 진정한 가치를 찾아 합당한 이름을 붙여주어야 할 때다. 그녀에게는 온유와 강직, 자아와 타자, 덕성과 재능, 학문과 예술, 이성과 감성 등이 한데 어우러져 승화되고 있다. 따라서 봉건적인 시대와 인간적 모순에 맞서 주체적으로 전인적 성과를 이루어낸 신사임당에 대해 '융합적 인재'로 규정하고자 한다.

1
외가에서 태어나다

―――――

　신사임당(1504~1551)은 연산군 10년 음력 10월 29일 외가인 강원도 강릉 북평에서 태어나 명종 6년 5월 17일 한양에서 48세의 일기로 세상을 떠났다. 사임당이 외가에서 태어난 것은 앞으로 친정살이로 이어지면서 그녀가 바라는 꿈과 삶의 여정을 형성하는 중요한 토대가 된다.

　그녀가 태어난 곳은 지금의 강릉시 죽헌동 201번지 오죽헌이다. 집 주변에 작고 검은 빛깔의 대나무들이 무성한 이 오죽헌(烏竹軒)은 신사임당의 어머니 용인 이씨(1480~1569)의 친정집이었다. 오죽헌은 원래 세종 시절 이조참판을 지낸 최치운(1390~1440)이 지어 둘째 아들 응현에게 물려준 집이요, 훗날 연산군 때 대사헌과 형조참판을 역임한 최응현(1428~1507)은

이 집을 다시 둘째 사위인 이사온에게 물려주었다. 그리고 이사온의 외동딸인 용인 이씨에게 상속되었다가 그 후 용인 이씨의 외손인 권처균에게 물려준 뒤 지금까지 전하고 있다. 용인 이씨는 넷째 딸의 아들인 권처균에게 묘소를 보살피라는 조건으로 기와집과 전답을 주었다.

조선 중종 때 설립된 오죽헌은 한국 주택 건축 중에서 가장 오래된 건물에 속한다. 특이한 것은 안채와 사랑채가 개방되어 있는 구조라는 점이다. 안채와 바깥채의 벽이 없어 서로 자유롭게 드나들 수 있었을 것이다. 일찍부터 사임당의 집안에는 남녀평등의 분위기가 감돌았고 그런 의식이 건축을 통해 구현되었던 것으로 보인다. 오죽헌은 원래 사랑채, 안채, 별당 정도의 건물로 이루어졌을 것이다. 그러나 학문 발전과 문예 부흥에 주력했던 정조(1752~1800)가 율곡이 지은 『격몽요결』과 그가 쓰던 벼루를 관람한 뒤 그것들을 잘 보관하라는 명령을 내리면서 지어진 어제각, 1965년 건립된 율곡기념관, 1976년에 건립된 문성사가 더해지면서 현재와 같이 규모가 커졌다.

이사온은 성종 14년(1483) 과거에 급제하여 생원이 되었으나 관직에는 오르지 않았다. 시와 문장이 뛰어났던 이사온은 인간은 누구나 귀한 존재이므로 노비건 서얼이건 차별받아서는 안 된다고 생각할 만큼 진보적 인물이었다. 그는 성리학자로서 덕망이 높은 최응현의 수제자였는데, 연산군(1476~1506)의 폭정 속에 일어난 무오사화로 동문수학하던 선비들이 억울하게 숙청되는 것을 보면서 벼슬의 뜻을 접고 강릉에 눌러 살게 되었다. 용인 태생의 이사온은 강릉 사람 최응현의 딸과 혼인한 후 처가살이를 하면서 그곳에서 딸 하나를 낳았다. 그리고 용인 이씨인 이 딸도 친정에서 사임당을 낳은 것이다.

신사임당은 한양 사람인 아버지 신명화와 강릉 사람인 어머니 용인 이씨 사이에서 다섯 딸 중 둘째로 태어났다. 신사임당의 이름은 외증조부인 최응현이 지어주었다는 '어질고 착하다'는 뜻의 인선(仁善)이고, 그녀의 당호인 사임당(師任堂)은 16세 때 자신이 스스로 지은 것으로 주나라 기초를 마련한 문왕(BC 1152~BC 1056)의 어머니 태임을 닮겠다는 뜻이다. 그녀의 부친이 지어준 아호라고도 한다. 고종 때의 뛰어난 성리학자였던 윤종섭(1791~1870)은 시를 지어 "선생의 받은 태교 어머님 마음 하나/당호조차 훌륭할사 태임을 배우나니"라 하였다. 사임당이 태임을 본받겠다는 뜻임은 분명하다. 태임은 남편 왕계와 공동으로 난을 피해 근거지를 기산으로 옮기는 과업을 수행했고 아들 창(문왕)을 중국 역사의 한 획을 긋는 영웅으로 길러냈다. 그리하여 동양 문화권에서 태임은 성인의 반열에서 언급되어왔다.

우리의 역사 속에서 신사임당은 고결한 인품의 대명사로

사랑받아왔고, 특히 20세기 후반 박정희 대통령에 의해 민족 중흥의 기치 아래 세종대왕, 이순신 등 국가의 영웅적 인물의 필요성과 더불어 사임당은 근대화의 주체로서 추앙되었다. 그리고 이제 정치적 이데올로기로 인용되곤 하였던 현모양처를 넘어서는 올바른 평가가 자리를 잡아가고 있다.

본관이 평산인 신사임당의 시조는 고려의 개국공신으로 태조 왕건(877~943) 대신 전사한 신숭겸(?~927) 장군이다. 신숭겸은 대장군 시절 태조와 함께 전투에 나갔다가 대구 공산에서 후백제군의 공격을 받고 태조가 포위되자 왕의 갑옷과 투구로 변장하고 나가 왕을 구출하고 순절하였다. 평산 신씨 가문은 고려 후기부터 여러 세대에 걸쳐 고위관직을 지낸 유명한 집안이다. 신사임당의 할아버지 신숙권은 영월군수를 지낸 바 있으며, 사임당의 아버지인 신명화는 신숭겸의 18세손이다.

한양에서 태어나고 자란 신명화(1476~1522)는 이사온의 외동딸과 결혼했다. 신명화는 혼인 후 부인을 자기 집에 데려가지 않고 십수 년간 본가인 한양과 처가가 있는 강릉을 오가며 생활했는데, 부인 용인 이씨의 간절한 부탁 때문이었다. 용인 이씨는 강릉에서 혼례를 치른 직후 남편을 따라 한양에 올라와 시댁에 들어가 살면서 첫딸을 낳았다. 그사이 하나뿐인 딸을 시집보낸 어머니 강릉 최씨가 병을 얻어 몸져누웠다. 시부모를 모시고 있던 용인 이씨는 강릉의 친정어머니가 아프다는 소식을 듣고는 시댁의 허락을 받고 다시 친정으로 가서 어머니의 간병에 전념하였다. 그러나 안타깝게도 여러 날이 지나도 별 차도가 없었다. 그런 가운데 신명화가 강릉에 내려가 함께 한양으로 가자고 하자 이씨 부인은 자식이라고는 하나뿐인데 늙고 병든 어머니를 방치해놓고 떠나기 어려우니 몇 년 동안 각자 자신의 부모를 모시는 게 어떻겠느냐고 간곡히 제의했다.

　　3남 2녀의 맏아들인 신명화는 부인의 뜻을 수용하였고 그 이후로 16년 동안 한양과 강릉을 오가며 딸자식 다섯을 모두 강릉에서 낳고 길렀다. 물론 한양에 있는 날이 훨씬 많았다. 몇 번 과거시험에 낙방한 뒤 신명화는 연산군의 실정과 광기 아래 숱한 사람들이 목숨을 잃는 것을 보면서 벼슬길을 단념하고 과거를 보지 않았다. 그 후 연산군이 쫓겨난 다음 조정의 개혁 의지에 희망을 걸고 중종 11년(1516) 41세가 되어서야 과거에 응시, 진사시에 합격했다. 당시 재상인 윤은보(1468~1544)와 형조판서 남효의 등이 그를 조정에 천거하였다. 그러나 이를 사양했을 뿐만 아니라 훈구대신 척결에 앞장서던 조광조(1482~1519)를 중종이 내치려 하자 신명화는 성균관 유생들과 함께 시위를 하다 옥고를 치러야 했다. 마침내 중종 14년(1519) 기묘사화로 조광조 등 개혁적인 선비들이 숙청되는 참상을 지켜보던 신명화는 아예

처가인 강릉으로 낙향하여 학문 연구에 몰두하기에 이르렀다.

이때가 신사임당 나이 16세 무렵이었는데 그녀가 태어난 것도 연산군의 악정이 10년째 되던 갑자년이었다. 어쩌면 혼란이 극심했던 난세에 태어났기에 영웅적 인물로 성장했는지도 모른다. 사임당이 살아간 시기에는 선비들이 화를 당하는 '사화(士禍)'가 무려 세 번이나 일어났다. 사임당은 갑자, 기묘, 을사년의 사화 같은 혹독한 정치 현실과 사회 현상을 지켜보며 깊은 상념과 함께 지적으로 성숙해나갔을 것이다. 질곡의 시대를 거쳐가면서도 그녀가 용기 있고 지혜롭게 살아갈 수 있도록 이끌어준 부모의 교육은 물론 집안의 분위기는 힘이 되었다.

성품이 온화하면서도 내적으로 강직한 신명화는 딸 다섯과 친척 아이들을 모아놓고 『동몽선습』, 『명심보감』, 『소학』, 『대학』, 『주자가례』 등을 강독하고 한시를 비롯하여 글씨에 이르기까지 다양한 분야를 가르쳤다. 『예기』에 따르면 보통 사대부 가정에서는 열 살부터 아이들의 교육내용이 달라지는데, 남자는 정식으로 스승을 모시고 글씨와 셈을 배우기 시작하며, 여자는 베 짜고 제수 차리는 일들을 배우기 시작한다. 이와 같이 아들의 교육을 더 중시하는 시기에 딸을 공부시키는 것은 쉬운 일이 아니었다. 신명화가 아들 딸 차별 없이 키우면서 가르치고 싶어 했던 것은 자신의 딸들을 귀하게 여겼을 뿐만 아니라 개방적인 사고를 지녔기에 가능했다. 학문이 깊고 인격이 훌륭하기로 소문난 신명화가 세상에 대한 실망과 분노를 가정에서 삭일 수밖에 없었던 것이 오히려 자녀들에게는 행운으로 작용했다.

신명화는 동료 선비들이나 주위 사람들에게 올곧은 인품을 지닌 인물로 정평이 나 있었다. 행장에 따르면 어느 날 신명화의 장인인 이후가 친구와 만나기로 약속했다가 일이 생겨 지킬 수 없게 되자 신명화를 불러 아파서 약속을 지킬 수 없게 되었다는 편지를 써달라고 부탁을 했다. 그러나 신명화는 정색을 하고 "세상을 살아가는 데 있어서 말과 행동이 정직한 것은 가장 가치 있는 높은 덕이라고 봅니다."라며 거절했다. 장인의 부탁을 거절할 정도로 신명화는 남달리 순수하고 정직하였다. 신사임당을 출가시킬 때도 어떤 이가 "나라에서 널리 처녀를 뽑아 올린다."는 헛소문을 퍼뜨려 딸 가진 집에서는 모두들 정신없이 사위 맞기에 급급했으나 신명화는 조금도 흔들리지 않고 절차를 지켜 혼례식을 치렀다. 또한 그의 행장을 통해 알 수 있듯이 인수대비 국상을 맞아 연산군이 하루를 한 달로 쳐서 25일 만에 상복을 벗어던지는 만행과 더불어 국법을 어기고 삼년상을 치르는 선비들이 목숨을 잃는 시국에 신명화는 부친상을 당해 눈치 보지 않고 단 하루도 상복을 벗지 않은 채 3년 동안 묘소를 온전하게 지켜냈다.

이렇게 큰 학자인 아버지 슬하에 아들이 없었고 다른 딸보다 천재적인 신사임당에게 부친의 독실한 교육이 집중될 수 있었던 것은 자연스러운 일이다. 사임당이 어려서부터 학문을 익히고 인격을 도야하며 예술적 소질을 계발할 수 있었던 것도 아버지가 관계 진출을 포기하고 학문 연구에 매진하면서 자식 교육에 관심을 쏟을 수 있었기에 가능했다. 선택된 딸에게 거는 아버지의 기대만큼이나 교육은 엄중할 수밖에 없었고 사임당은 이를 잘 따랐다. 그러나 아쉽게도 사임당은 결혼하던 해인 중종 17년(1522), 아버지가 47세로 일찍 별세하는 비운을 맞고 말았다.

사임당에게는 외할아버지 이사온의 가르침과 어머니 용인 이씨의 가르침도 있었다. 특히 신사임당의 비상한 모습은 어머니의 교육적 영향이 컸다. 어머니 용인 이씨는 명문가의 자손으로 어려서부터 책을 많이 읽어 두뇌가 총명하고 성품이 차분했으며 말이 많지 않은 만큼 진정성을 갖춘 인물이었다. 용인 이씨는 항상 딸에게 자기 걱정은 하지 말고 시어머니에게 잘해드리라고 가르쳤고 남편을 소중히 여기고 잘 따르라고 충고하였다. 용인 이씨는 자신이 세상을 뜬 뒤에는 노비문서를 태워 없애라는 유언을 문서로 남길 예정이었다고 할 정도로 진보적인 사람이었다. 제사를 지낼 외손자에게 재산을 물려준 것도 용인 이씨였다. 『율곡전서』에서는 용인 이씨가 바깥 사회의 일을 맡았다면 충성을 다해 국가를 바로잡을 수 있었을 것이라고까지 적고 있다.

용인 이씨는 성품이 곧아 초야에 묻혀 산 부친 이사온의 총애 속에 학문을 배운 현숙한 부인이었다. 공교롭게도 이사온조차 처가살이를 했으므로 용인 이씨도 자신의 외조부인 최응현의 가르침을 받게 되었고, 용인 이씨는 친정집에 살면서 자신의 어머니 강릉 최씨의 보살핌을 받았다. 따라서 사임당은 어려서 자매들과 함께 외조부는 물론 외조모인 강릉 최씨로부터도 글을 배우며 자랐다. 이를테면 사임당의 외할머니 최씨, 사임당의 어머니 이씨, 그리고 사임당까지 3대가 모두 오죽헌에서 친정살이를 한 셈이다.

사임당의 어머니는 남편을 마음으로 존경하면서 아내로서의 도리와 책임을 다하였다. 자신의 말을 듣고 16년이나 두 집 살림하느라 온갖 불편을 감수한 남편이다. 외할머니의 사랑을 듬뿍 받았던 율곡이 지은 「이씨감천기」를 보면 신사임당의 나이 18세 때 아버지 신명화가 장모 강릉 최씨가 별세했다는 소식을 듣고 한양 집에서 출발하여 강릉으로 내려가는 도중 갑자기 병을 얻어 사경을 헤매는 심각한 상황에 놓이자 어머니는 눈물겨운 행동을 보였다. 어머니는 외증조부 최치운의 무덤 앞에 가서 자신의 왼쪽 손가락 두 마디를 끊어가며 피눈물로 기도하였다.

이제껏 저의 남편은 지조를 지켜왔고 간사한 행동이라고는 하지 않았으며 모든 행실에 추악한 점은 한 가지도 없었사온데 어찌

하여 이런 화를 내리시옵니까? ……저는 이제 막 홀어머니를 여의었사온데 또 이 같이 남편의 병조차 위독하게 되오니 외로운 몸이 장차 어디 가서 의탁한다 하오리까?

이때 아버지 곁에서 간호하던 사임당이 잠이 들었는데 신령이 나타나 아버지에게 대추씨 크기만 한 약을 먹이는 꿈을 꾸었고 그 이튿날 신명화의 병이 나았다고 한다. 어머니의 간절한 기도를 하늘이 들어주어 아버지는 병석에서 일어나 다음해까지 더 살 수 있었고, 그사이 아버지는 딸의 혼사를 서둘러 챙겼다. 나중에 당시의 일을 전해듣고 율곡이 외할머니 용인 이씨의 덕행을 찬양한 글이 「이씨감천기」이다.

용인 이씨의 나이 42세가 되던 해 사임당의 외할머니인 강릉 최씨가 세상을 떠났고 그때 갑자기 46세이던 아버지가 병환으로 위독해지자 어머니가 지극정성으로 남편의 목숨을 구하고자 했던 일은 중종실록에 전할 만큼 세상에 널리 알려졌다. 사임당의 아버지 신명화는 중종 17년(1522) 11월 7일 세상을 떠났다. 용인 이씨는 부모에게 효행을 다했음은 물론 남편에게 정절을 지켰다 하여, 남편 사후 6년이 되던 중종 23년(1528) 나이 49세에 국가로부터 열녀 표창을 받기에 이르렀다. 고향인 강릉에 그 공적을 기리는 기념각이 세워지고 사람들의 존경을 한 몸에 받았다. 사실 조선 중기까지 사대부가의 여성들도 이혼과 재혼은 물론 간통 등의 불륜 행각을 벌이는 일이 비일비재했던 점을 감안하면 일찍 과부가 되어 홀로 다섯 딸을 키운 용인 이씨에 대한 공경은 대단한 것이었다. 그녀의 행위는 열녀 이데올로기에 의한 것이 아니라 남편에 대한 진실한 마음과 인간적 윤리에서 비롯된 주체적 행동이었기에 더욱 의미가 컸다.

한편 남편이 세상을 떠난 후에 자녀들의 뒷바라지와 교육을 용인 이씨 홀로 감당했다는 점에서 노고와 함께 그 영향력을 소홀히 여길 수 없다. '그 어머니에 그 딸'이라고나 할까 신사임당은 말이 적고 행실이 바른 어머니의 훌륭한 모습을 빠짐없이 닮아갔다.

한마디로, 사임당은 스스로 태임을 본받고자 했을 뿐만 아니라 과거에 합격했으나 벼슬길에 나가 욕된 삶을 이어가지 않았던 부친과 부덕이 뛰어나면서도 의식이 진보적이었던 모친의 교육적 영향으로 자아의 뜻을 굳게 세우고 자신의 역할을 올바로 수행해가면서 겸손하고 소박하며 강직하고 정결한 인격적 유산을 자신이 낳은 4남 3녀에게 물려줄 수 있었다.

바람직한 가정의 분위기와 독자적인 자아의 능력이 정신적인 데서만 오는 것은 아니다. 대체로 친정과 자아에 대한 긍지는 재산 상속의 방식 등에서도 나타났다. 일찍이 신사임당의 가정은 경제 분야에서 남녀평등을 실천하고 있었다. 신사임당

부모가 재산을 외손에게까지 물려줌은 물론 사임당 다섯 자매의 분재기가 존재하는 것은 남녀 균분 상속의 귀중한 사례를 보여준다. 또한 신사임당이 낳은 일곱 자녀의 분재기도 있어 더욱 그런 점을 분명히 드러낸다. 이렇듯 혼속에 따른 친정살이와 더불어 비록 많지는 않지만 재산 상속의 혜택 등의 요인을 수용하여 자신의 에너지와 역량으로 융합할 수 있었던 것이 바로 사임당의 뛰어난 지혜와 의지였다.

무엇보다 사대부가의 여성으로서 넉넉지 못한 형편에 있는 집안의 살림을 알뜰하게 살피면서 개인의 이상과 취향인 학문과 예술을 성취해갔음은 오늘날도 주목받기에 충분하다. 게다가 지금도 자식을 훌륭하게 키운 현모라면 존경받을 수 있을 것이며 이에 사임당은 절대 뒤지지 않고, 현대에도 대등한 관계를 전제로 하는 양처라면 긍정적으로 수용될 수 있을 것이며 이에 사임당은 마땅히 자처하고 나오리라. 신사임당은 역사 속의 낡고 고착된 수동적인 인물이 아니다. 그녀의 몸은 16세기를 살다 갔으나 그녀의 정신은 고스란히 살아남아서 우리의 삶을 돌아보게 한다. 이른바 사임당은 창조적 전통의 실체를 대표하는 인물이라 해야 할 것이다. 경제적 궁핍과 사회적 통념을 극복하면서 시대를 넘어 개혁을 주도할 수 있는 보편적 가치를 담보하는 존재이기 때문이다.

2
남편을 옳은 길로 훈계하다

일제가 심어놓은 황국신민화의 이데올로기로서의 잔재인 '현모양처'를 광복 70년이 지난 지금까지 운운하는 것은 부끄러운 일이다. 더구나 일제 식민 세력이 신사임당에게 불명예스럽게 덮어씌워놓은* '현모양처'의 상징을 어어가는 일은 빨리 끝내야 한다. 사임당은 남편을 존중했으나 순종하는 미덕을 갖추지는 못했다. 오히려 남편의 생각이나 행동이 옳지 못하다고 판단될 때 진지하게 충고하고 조언하였다. 역사학자인 이능화(1869~1943)는 "이공의 학업이 허술하면 신씨가 이를 보

---

* 1945년 제3회 국민연극공연대회가 열렸는데 친일 극작가 송영(1903~1978)의 작품 〈신사임당〉이 동양극장에서 공연됐다. '전쟁터로 보낼 아들을 길러내는 충성심을 가진 군국의 어머니상을 제시한다'고 신사임당을 현모양처의 전형적인 인물로 이용했다.

태어 잘못을 깨닫게 그것을 바로잡았으니 참으로 어진 아내였다."(『조선여속고』, 1927)라고 남편 이원수가 허물을 보일 때면 신사임당이 바르게 이끌어주었다고 말한 바 있다.

사임당은 19세 때인 중종 17년(1522)에 세 살 위인 한양 사람 이원수(1501~1561)와 결혼하였다. 이원수의 본관은 덕수이고 그는 고려시대 이돈수로부터 12대손이며, 세종 시대 최고 수준의 지식인이었던 최만리(?~1445)의 외손자인 이천(1483~1506)의 아들이다. 그의 집안에는 고려시대에서 조선시대에 이르기까지 이름을 떨친 이들이 많다. 아버지의 사촌인 이기(1476~1552)와 이행(1478~1534) 형제는 기묘사화(1519)로 조광조가 실각한 뒤에 한성부윤과 공조판서 등의 직위에 올라 있었다. 이행은 당시 학자로서도 이름이 났었는데 그와 교류하던 사람들에 의해 사임당의 그림이 널리 알려지게 되었다. 그러나 이원수의 아버지 이천은 연산군 12년 겨우 24세 때 세상을 떠났다. 그러므로 유력 가문 출신임에도 불구하고 어릴 때 아버지를 잃은 이원수는 집안 형편이 궁핍한 데다가 홀어머니 밑에서 독자로 자라 학문이 깊을 수 없었다. 오히려 그의 학문은 신사임당을 만나 이루어졌다고 할 수 있다.

이원수는 스물두 살 되던 해에 혼례를 치르기 위해 강릉으로 내려왔는데, 둘째 딸만은 자신의 곁에 두고 싶다는 장인의 권유도 있고 해서 일단 강릉에서 지내기로 했다. 율곡이 지은 「어머니 행장」*에 따르면 외할아버지는 아버지에게 "내가 딸이 많은데 다른 딸은 시집을 가도 서운하질 않으나 자네 처만은 내 곁을 떠나보내고 싶지 않네."라고 하셨다. 친정 부모에게 아들이 하나도 없었고, 다섯 딸 중 가장 자질이 뛰어났기에 더욱 정을 느껴 사임당을 아버지가 가까이 두고자 했던 것인데, 한양에서 홀어머니를 모시고 살고 있었던 이원수가 장인의 말을 순순히 따른 것이다.

사실 이원수가 신명화를 만족시킨 첫째 조건은 어머니 한 분만 계시기 때문에 딸에게 시집살이를 시킬 만한 가까운 가족이 없을 뿐 아니라, 오히려 자신의 경우처럼 사임당이 시댁에 들어가지 않고 친정살이를 할 수도 있을 것이라는 예상에서였다. 앞서 말했듯이 이원수의 장인 신명화도 혼인 후에 부인을 자기 집에 데려가지 않고 십수 년간 본가인 한양과 처가가 있는 강릉을 오가며 거의 떨어져 생활했다. 틀림없이 신명화는 속으로 지체 높고 재력 있는 가문에서 재주 많은 며느리를 원할 리 없다는 판단을 했을 것이다. 사임당이 살았던 16세기는 아직 성리학적 사회질서가 확고하게 정착되지 않고 남녀관계가 비교적

*   신사임당 담론과 연구에 가장 기초적인 자료가 된다.

대등하여 전통적인 남귀여가혼의 처가살이가 유지되던 시기이기도 했다.

사임당은 결혼하던 해 돌아가신 친정아버지의 삼년상을 치르기 위해 강릉에 머물다가 21세 때인 중종 19년(1524) 봄에 시댁이 있는 한양으로 이사를 가게 되었다. 단 한 번도 강릉을 벗어난 적이 없는 사임당에게 한양은 멀고도 험한 여정이었으며 한편으로 새로운 세상에 대한 기대도 갖게 했다. 강릉에서 한양까지는 6백 리가 넘는 까닭에 걸어서 10일 내지 15일 정도 걸리는 길이다. 한양에 올라와 수진방(지금의 종로구 수송동과 청진동)에 있는 시댁에서 죽 지낸 것이 아니라 신행차 시댁으로 들어갔다가 얼마 뒤에 남편의 고향이자 시댁의 선조들이 여러 대에 걸쳐 살아온 경기도 파주의 율곡리로 이주하여 살았다. 뒷날 율곡도 이곳에서 기거하였고 율곡 이이는 바로 이 마을 명칭을 자신의 호로 삼은 것이다. 율곡리에 거주하는 동안 사임당은 농사법에 관한 책을 읽어가며 부지런히 집안 살림을 챙겼다. 사임당은 급한 대로 먹고사는 문제는 노비들과 함께 자신이 해결하겠다는 각오도 했다. 그러다가 친정어머니가 편치 않다는 소식을 들고 다시 남편과 같이 강릉으로 내려가게 되었다.

신혼 초의 사임당은 너무나 낙천적인 기질에다 책임감이 떨어지는 남편이 변화되기를 바라는 마음으로 굳은 결심을 하게 되었다. 어느 날 남편을 불러 다시 파주로 돌아가면 자신도 많은 농사일을 거들면서 잔병치레가 잦은 어린 맏아들 선을 돌보기 어렵고 남편도 학문에 집중하기 어려움을 진솔하게 털어놓았다. "우리가 이렇게 한 집에 붙어만 있으면 자연히 공부에 힘쓸 사이가 없게 됩니다. 앞으로 10년 동안 서로 헤어져 당신은 한양에 가서 공부하시고, 나는 이곳 강릉에서 어머님을 받들기로 합시다."라고 제안했다. 결혼 후 먹고살기도 해야 하고 남편이 떳떳하게 세상에 필요한 인물이 되기를 바라는 아내의 간절한 소망이자 각고의 다짐에서 나온 언약이었다. 사임당은 과거에 급제할 때까지 명산을 찾아 공부에 전념할 수 있도록 남편을 떠나보냈다. 그러나 이원수는 새벽밥 먹고 떠나던 그날 강릉에서 겨우 10리 밖에 안 되는 성산이라는 곳까지 갔다가 어두워지기를 기다려 돌아왔다. 그 다음 날도 겨우 30리쯤 되는 가마골이라는 데까지 갔다가 돌아왔고, 그 다음 날도 대관령을 넘지못하고 40리쯤 되는 반쟁이라는 고개 중턱에까지 갔다가 다시돌아오고 말았다. 신사임당은 충격과 더불어 실망하지 않을 수없었다. 남편에게 다음과 같이 훈계하였다.

"대장부가 뜻을 한 번 세우고 10년을 작정하고서 학업을 닦으러 길을 떠난 것인데, 이같이 계속 사흘을 잇달아 되돌아오니, 당신이 장차 무슨 일을 할 수 있겠소?"

벼슬과 학문을 위해 10년 별거 약속을 하고 집을 나섰던 남편이 10년은커녕 하루도 버티지 못하는 모습을 보이자 사임당은 당혹감을 감출 수 없었다. 그러자 이원수는 "그까짓 출세가 뭐라고 우리가 서로 떨어져 살아야 되느냐?"고 따졌다. 그리고 "공부도 공부지만 당신 곁을 떠나서 10년이라니, 그렇게 긴 세월을 따로 지낼 수는 없소. 한시도 떨어질 수가 없는 데야 어찌하겠소."라고 자신의 솔직한 감정을 호소했다. 신혼 초기 아내와 함께 있기를 바라는 정이 많은 남편의 마음을 모르는 게 아니요 그 심정을 이해하면서도 사임당은 감정을 절제하지 않으면 안 되었다. 사람 좋은 것만으로는 살아갈 수 없음을 남편을 통해 사임당은 깊이 깨닫고 있었다. 나이 서른이 다 되는 가장이 집을 나갔다가 아내가 보고 싶어 번번이 되돌아오는 것을 보니 한숨이 절로 났다. 실속이 없고 의지가 약한 남편을 믿고 따를 수 없었다. 당사자가 결단을 내리지 못하니 대신 미련을 끊어주어야 했다. 참다못한 사임당은 모질게 마음먹고 반짇고리에서 가위를 꺼내들고 말했다.

"만일 당신이 이같이 나약하고 무능력한 남자로 그친다면 저는 앞으로 무슨 희망을 갖고 살아가겠습니까. 그럴 바에야 이 가위로 머리를 자르고 여승이 되어 산으로 가든지 그렇지 않으면 자결이라도 해서 내 일생을 마치는 편이 도리어 더 좋을 것

입니다."

앞길이 창창한 대장부가 자기 때문에 학업을 포기하겠다면 차라리 머리 깎고 산에 들어가 스님이 되겠다고 협박했다는 일화는 유명하다. 사임당은 한 손으로 풀어헤친 머리채를 움켜쥐고 가위로 한 움큼 잘라버렸다. 아내의 단호한 말 한마디에 놀란 남편은 다음 날 한양으로 올라가 3년 동안 열심히 공부를 했다. 남편은 아내에게서 듣고 배우며 깨달음이 많았다. 그는 가평에 있는 어느 암자에 들어가 있기도 하였다.

그사이 사임당은 집안일과 아들 선을 키우는 데 매진하면서도 틈틈이 그림을 그렸다. 물감이 떨어지면 수도 놓았다. 여덟 폭 자수 병풍을 만드는 데만 꼬박 두 달이 걸리기도 했다. 그러고도 손을 놓기 아쉬워 두 폭짜리 초서 병풍도 만들고 초서 족자까지 만들었다.

그러나 꼭 세월만큼 인간의 기대가 채워지지는 않았다. 남편은 몇 번 과거시험을 쳤으나 낙방하였다. 그리고 그릇이 각각의 쓰임새가 다르듯 인간도 각자의 길이 있음을 체득하고 난 남편은 더 이상 공부는 할 수 없었던 듯하다. 학업을 포기하면서 당당하게 오기를 부리는 남편 앞에서 나오는 게 탄식이었고 홧김에 버럭 소리도 질렀다. 그러나 사임당은 끓어오르는 실망과 분노를 참아내야 했다. 더 이상 모질게 몰아붙이기만 해서

될 일도 아니었기 때문이다. 친정어머니는 "남자는 마음이 안정돼야 제 할 일을 열심히 하는 법이다. 안 그래도 정 많은 사람이 처자식과 멀리 떨어져서 책을 본들 머리에 들어오기나 하겠니?"라고 설득하면서 지금이라도 남편을 따르라고 권고했다. 어느덧 사임당의 나이 33세요 남편은 36세에 이르렀다.

기록에 전하는 대로 남편은 결단력과 의지력이 부족한 편이어서 아내의 속을 많이 태웠다. 사임당은 양심상 이제 친정신세도 더 이상 지고 싶지 않았다. 어떻게든 독립을 해야겠다고 다짐해보지만 뾰족한 대책도 서지 않았다. 자립할 만한 형편이 못되는 딸에게 어머니는 "봉평에 몇 마지기 빈 땅이 있는데 살수가 있을지 모르겠구나."라며 걱정했다. 시댁과 친정을 오가던 생활이 무척이나 불편했던 사임당은 남편과 상의하였다. 평창의 봉평은 한양과 강릉의 중간쯤 되는 곳으로 시댁과 친정 양쪽을 드나들기에도 수월한 터에 남편은 농사나 짓고 살자면서 좋아했다. 그러나 시어머니의 허락을 받지 못했다. 시어머니가 극구 반대하는 바람에 남편은 한양의 수진방에 머물면서 학업을 계속하기로 했다. 그리고 사임당은 남편과 떨어져 지내기로 하고 네 아이를 데리고 봉평* 산간마을로 이사하여 살았다. 몇 달

---

* 현재 영동고속도로 장평 IC에서 봉평 방향으로 가다 보면 우측에 '판관대'라는 비가 서 있다. 이곳은 율곡을 잉태한 곳으로 유명한데, 판관대라는 명칭은 율곡의

후 치른 별시에서도 남편은 실패했다. 사임당은 쉬지 않고 일했으나 살림은 늘 빠듯했다. 한양 본가에서 글공부를 하고 있을 줄 알았던 남편은 그 뒤로 한양에도 없고 봉평에도 없고 주막에서 보았다는 사람들이 있다고 행랑아범이 전했다. 사임당은 결혼 후 강릉, 한양, 파주, 봉평 등지에 거주하면서 가사와 보육에 소홀함이 없는 가운데 자신의 학문과 예술을 포기하지 않고 근 20년간 힘들지만 자기 주도적인 삶을 살았다.

이렇게 강릉을 중심으로 이주하며 살았던 것을 본다면 사임당은 어머니 용인 이씨가 나서 자란 곳에서 태어나 성장하면서 어머니가 시댁과 친정을 오가며 생활했던 것을 자연스럽게 본받은 셈이다. 사임당은 혹독한 시집살이를 하지 않았고 독립적으로 살았을 뿐만 아니라 강릉 친정에도 자주 내려가 살 수 있었던 것으로 보면 다른 여성에 비해 그녀는 행운이었다고 할 수 있다. 그렇다, 사임당은 결혼 후 20년간 제도적인 틀 속에 갇혀 시어머니, 남편, 자식을 위해 헌신하고 희생만 하는 폐쇄적인 삶을 살지 않았기에 행복했다. 그러나 사임당은 심각한 교통의 불편 속에 강원도 강릉뿐만 아니라 봉평에서도 살고 경기도 파주에서도 사는 등 이곳저곳으로 거주지를 옮겨 다녀야 했다.

아버지인 이원수가 수운판관을 지냈기 때문에 붙여진 것이다. 봉평의 판관대는 사임당이 잠시 별장처럼 행복하게 살았던 곳으로 알려져 있다.

결혼 후 자수나 바느질로 생활비를 벌어야 할 만큼 가정의 경제 사정이 여의치 않은데도* 남편은 능력도 없이 무관심한 편이었다. 사임당은 허약한 몸으로 일곱이나 되는 어린 자식들을 책임져야 하는 등 고된 날들을 보내야 했다. 다만 주체적으로 많은 부정적 상황을 극복하며 가정과 사회 속에서 주어진 역할을 충실히 하고 자신의 꿈과 목표를 이루어냈다는 점에서 행복을 일궈낸 그녀의 의지력은 빛난다.

신사임당은 조선의 순종하는 양처와는 거리가 멀다. 남편의 자존심을 상하게 하기에 좋은 여성의 모습일 수도 있다. 적어도 신사임당은 당시 여성들이 가까이하지 않던 경전을 공부하여 남편과 때때로 학문적 토론을 강행했고, 토론에서 자신의 주장을 관철시키는 태도도 보였다. "아버지께서 실수하는 일이 있으면 반드시 충고하고 자녀들의 잘못을 훈계하며……"라고 율곡이 어머니 행장에서 적고 있음도 그녀의 뻣뻣한 측면을 뒷받침한다.

신사임당은 늘려가는 지식이 많기도 했지만 분별하고 비우는 지혜가 있었다. 그래서 "부인은 남편에게 잘못이 있으면

---

* 친정집은 기록에 의하면 노비 수 119명, 전답 약 15만 4천 제곱미터로 풍족했던 것 같으나 신사임당의 살림 형편은 어려웠다. 특히 사임당이 별세하기 전 한양에 살던 10년가량은 매우 힘들었던 것 같다.

도를 권하고 혹은 타일러 바르게 하여 잘못이 없는 경지에 들어 시게 해야 한다."고 속으로 되뇌면서 실제로 이원수에게 선비로서의 의리를 강조해왔다. 살림살이가 나아지지 않아 가정이 어렵고 남편이 번듯한 벼슬자리 하나 없어 자존심이 상할 텐데도 남편에게 한 행동을 보면 사임당의 인품이 쉽게 드러난다. 그녀는 관직이나 명분보다 인격적인 삶에 가치와 비중을 두었던 것이다.

앞서 나온 바와 같이 시댁에 정승의 자리에까지 오른 오촌 당숙 이기(1476~1552)가 있었다. 원래 붙임성이 있는 데다 어느새 나이 쉰에 가까워진 이원수는 그에게 잘 보여 관직 하나라도 얻으려 했던 것 같다. 이를 눈치챈 사임당은 부끄럽게 생각하고 다음과 같이 차분하면서도 단호하게 말했다.

"사람은 잠깐 눈에 보이는 세력을 좇아다녀서는 아니 되옵니다. 정승이라는 사람이 어진 선비들을 모해하고 권세를 탐하는데 어찌 영광이 오래가겠습니까. 저는 당신이 그 집에 안 가셨으면 좋겠습니다."

조선 초기에 쓰인 「견첩록」에 따르면, 남편이 고위직에 있는 당숙 이기 집의 문턱을 분주히 드나드는 것을 본 사임당은 위와 같이 충고를 하기에 이르렀다. 그러나 넉살 좋고 활달한 성격의 이원수는 부인의 말에 한 집안 사람임을 내세워 무슨 문제가 있느냐는 식으로 대응하였다. 의리를 중요하게 생각해온 그녀로서 옳지 못함을 부끄러워하는 마음을 뒤로 물릴 수 없었던 사임당은 다시 진지하게 경고성 발언을 이어갔다.

"그가 아무리 우리와 같은 문중이라 하더라도 의롭지 못한 사람이라는 것을 알면 그 집의 출입을 삼가야 합니다. 오르막길이 있으면 반드시 내리막길이 있습니다. 공자님도 바른 길에서 얻는 것이 아니면 그것이 아무리 귀하고 높은 것이라도 뜬구름과 같다고 하였습니다."

너무나 명쾌한 이 말을 듣고서 이원수는 이기의 집에 드나들던 발걸음을 돌렸다. 친척이긴 하나 인의가 없고 탐욕스러워 무고한 선비들을 해치는 사람의 집에 드나들지 말기를 아내는 남편에게 간절히 당부하였다. 이기는 장인이 뇌물을 받은 사실로 요직에 오르지 못하고 있다가 명종 즉위년인 1545년 문정왕후(1501~1565)의 아우인 윤원형(?~1565)과 공모하여 을사사화를 일으켜 반대파의 선비들을 모조리 죽여버린 장본인이요 그 공으로 영의정에 오른 사람이다. 선비가 백여 명이나 숙청당하는 을사사화가 일어난 것은 사임당 42세 때의 일이다. 이런 사건이 일어날 때마다 사임당은 꼿꼿하게 살다 돌아가신 친정 아버지를 떠올렸다. 악명 높던 이기는 훗날 을사사화가 허구 날조로 밝혀지면서 선조 초 훈작이 모두 삭탈되고 묘비마저 제거

되는 치욕을 당하게 되었다.

한편 을사사화에 가담했던 진복창(?~1563)이라는 인물이 수진방 신사임당의 집 가까이에 살고 있었다. 진복창은 당시 실권자였던 윤원형의 심복이 되어 반대파 제거에 크게 활약하여 사관들로부터 '독사'로 기록되었다. 사화 후에는 자기를 추천해 준 구수담(1500~1549)까지 역적으로 몰아 죽이는 등 윤원형이 미워하는 사람이 있으면 앞장서 처단했다. 그 뒤 공조참판에 올랐으나 오히려 윤원형으로부터 간교한 인물로 배척받아 삼수로 유배되었다가 거기서 죽음을 맞았다. 율곡은 일곱 살 때 「진복창전」이라는 글을 지으면서 "복창의 사람됨을 보니 안으로는 작고 좁은 마음을 품고 밖으로는 크고 넓은 체하려는 것 같다. 이 사람으로 하여금 뜻을 얻게 한다면 다른 날 근심됨이 어찌 한계가 있을 것이냐."라고 한 바 있다.

당숙 이기가 바로 진복창 등과 한 패거리로서 사람들이 혀를 내두를 만큼 지탄의 대상이었던 것이다. '그칠 줄 알면 위태롭지 않다'(『도덕경』 32장)고 하듯이 나중에 이기를 따르던 자들은 모두 화를 입었으나 이원수는 사임당의 말을 들어 아무 탈이 없었다. 만일 이원수가 아내의 간곡한 요구를 무시하고 계속 이기의 집에 드나들었다면 틀림없이 아들 율곡에까지 화가 미쳤을 것이다. 이원수는 남성적 권위를 내세우며 여성의 순종만을 강요하는 사람이 아니었다. 사임당의 지혜와 재능을 확실히 존중할 줄 알았고 아내의 진정성에 마음이 움직였던 것이다. 사임당에게는 세상의 변화, 정계의 흐름을 정확하게 파악할 뿐만 아니라 원칙과 신의를 소중히 여기는 강직함이 있었다.

숙종 때의 문신 정래주(1680~1745)가 쓴「동계만록」을 보면 몸이 허약한 사임당이 자녀들을 걱정하여 남편에게 부담스런 간청을 한다. 심장병을 앓던 사임당은 자신의 죽음을 예감했던지 사후의 일을 염려하며 유교 경전을 인용하여 남편에게 새 장가를 들지 말라고 당부했다.

"내가 죽은 후 당신은 다시 장가들지 마세요. 우리가 이미 자녀를 7남매나 두었는데 또 무슨 자식을 더 낳으려고『예기』의 가르침을 어겨야겠어요."

그러자 이원수는 "그럼 공자께서 자신의 아내를 쫓아낸 일은 무슨 예법에 합당한 일이란 말이오?"라고 했다. 이어서 사임당은 "공자가 노나라 소공 때 난리를 만나 제나라로 피난을 갔는데, 그 부인이 따라가지 않고 송나라로 갔기 때문에 내친 것이지……"라고 했다. 다시 이원수는 "그럼 증자가 부인을 내쫓은 것은 무슨 까닭이오?"라는 식으로 대화는 이어졌다. 외롭기는 하겠지만 자녀들을 슬기롭게 길러주는 것이 부모의 책임이라는 판단을 하고 남편에게 혼자 살기를 권유한 것이다.

그러나 우유부단한 남편은 사임당이 죽고 나서 이내 장가를 들었다. 그것도 양반 출신의 정식 후처를 맞아들인 것이 아니라 주막집 여자 권씨를 첩(동거녀)으로 들였다. 사임당보다 스무 살이나 어린 권씨는 사임당의 장남인 이선과 나이가 비슷했다. 이미 아내가 살아 있을 때부터 남편은 그 여자와 딴 살림을 차리고 있었는데 그런 소식을 처음 들었을 때 사임당은 일시적으로 충격을 받기도 했고 그 후 한때 금강산에 들어갔다 오기도 하는 등 남편의 외도로 뜻하지 않은 정신적 고통과 시련을 겪었다.

문제는 양반과 상민, 처와 첩이 엄연히 구분되던 시대에 재취로 들어온 부인 권씨가 당당히 처 노릇을 했다는 데 있다. 새로 들어온 부인 권씨는 별난 데가 있어 술주정이 빈번했고 변덕이 심하여 화도 잘 냈다. 심지어 권씨는 조금만 비위에 거슬리면 빈 독에 머리를 박고 소리 내어 울어서 이웃 사람까지 놀라게 하는 일이 있었고 걸핏하면 끈으로 목을 매는 시늉을 내어서 집안사람들을 놀라게 했다(『율곡전서』, 『제가기술잡록』). 그런 계모(서모)에게도 자녀들은 효성스러워 아버지 사후 모든 집안일을 주관하게 했을 뿐만 아니라 아침저녁으로 문안을 드리고 해장술을 마련해드리는 등 효도를 다했다. 하지만 이원수의 재혼으로 인해 그녀가 세상을 떠날 때까지 집안이 매우 어지러울 수밖에 없었다.

이렇듯 사임당은 공부를 위해 10년 동안 떨어져 있길 남편에게 권유하고, 남편이 지위가 높은 이기의 집에 드나드는 것을 통제하고, 자녀들을 염려해 남편에게 재혼을 하지 말도록 강권하는 등 조선 사회의 순종적인 여성과는 거리가 멀었다. 남편에게 당당하게 자신의 의견을 개진할 수 있었던 적극적이고 주체적인 여성이었다. 당시 사회를 지배하던 부부유별의 통상적 의미가 가부장제 존립을 위한 것이라 할 때 그녀의 관점은 분명히 벗어나 있었다.

사임당은 남편에게 단순히 출세나 명예만을 위해 공부하기를 바란 것이 아니라 오히려 깊은 학문을 통해 인간의 도리나 의리를 갖추기를 원했다. 남편이 사임당을 스승처럼 여기며 공대하였던 것도 바로 이러한 이유에서였다. 이와 같이 사임당은 수기치인의 유교이념적 실현과 이상적 인간형의 완성이라는 정치적이며 철학적인 관심으로 사회의식을 드러내보였다.

이원수도 남성 우위의 허세나 부리는 가식적인 남편은 아니었다. 그는 사임당의 자질과 인품을 인정해주고 아내의 말에 귀를 기울이는 도량이 넓은 사람이었다. 무엇보다 사임당이 친정에서 오래 생활할 수 있었던 것도 호탕한 성격의 남편과 시어머니의 너그러움 때문이라 할 수 있다. 사임당 부부는 서로 존경하고 이해하려 노력했으며 일상적 대화에서 경어를 사용하였는데, 이 같은 모습은 인격적인 측면에서 충분히 귀감이 될 만하다.

신사임당은 절대로 남편에게 가벼이 보이는 여성이 아니었다. 옛부터 "정 각각 흉 각각"이라는 말이 있듯이 그녀는 자신의 역할과 활동을 통해 자연스럽게 마땅한 위상을 지닐 수 있었다. 남편이 부정이나 불의와 타협해갈 때 방임하거나 방조하는 것이 아니라 바른 길을 갈 수 있도록 조언하는 여성이 바람직한 여성상이 아닐까. 이렇게 볼 때 사임당은 부부 관계에서 지금도 찾기 힘든 이상적인 여성이었다고 감히 말할 수 있다. 갈등을 심화시키거나 무조건 한쪽으로 따라가는 것보다 각자 단단해질 수 있는 부부상을 염두에 둔다면 사임당은 지혜롭고 용기 있는 삶을 보여준 선구적 여성이었다.

3
아내로서의 도리를 다하다

　남편 이원수는 부모 복이 없었다. 그는 홀어머니 밑에서 외아들로 자랐다. 게다가 어머니 홍씨는 성품이 유순하긴 하나 언행이 좀 신중치 못하여 구설수에도 올랐다. 현실 인식이 결여되고 의지가 박약한 이원수의 범속성을 어머니의 탓으로 해석하게 되는 것도 이 때문이다. 결국 이원수는 타고난 기질도 연약한 데다가 부모의 교육마저 제대로 받지 못한 불우한 인물이었다.

　이원수는 불과 6세 때 아버지를 잃었기 때문에 학문에 깊이 들어갈 형편이 되지 못했다. 자연히 학문적으로 이원수는 아내 사임당보다 못한 편이었다. 율곡도 아버지의 인격에 대해서는 언급했어도 학문에 대해서는 말하지 않았다. 이렇게 학문적으로 남편보다 훨씬 높은 수준에 있었던 사임당은 마치 어린 동생을 다루듯이 남편이 궁금해하는 것을 차근차근 설명해주었는데, 물론 이를 받아들이고 따르는 남편의 자세를 높이 평가할 수도 있다. 사임당은 비록 남편의 처신이 기대에 차지는 않아도 아내로서 인간적인 도리를 다하고자 했다.

이원수는 홀어머니 밑에서 자란 탓으로 성격이 강건하지 못하고 유약한 편이었다. 사임당이 그린 산수화에 쓴 송시열 (1607~1689)의 발문에는 유명한 일화가 실려 있다. 강릉에서 한양으로 신행을 오던 날, 남편은 사람들에게 부인의 재주를 자랑하고 싶어 그림 한 장을 그려달라고 요청했다. 신사임당에겐 그림 한 장이 간단한 일이 아니기에 당혹스럽기 그지없었다. 어쩌면 아내의 입장에서 남편의 경박스러운 면이 못마땅할 수도 있다. 그러나 사임당은 차분히 생각하고 남편의 체면을 감안하여 유기 쟁반에 포도 그림을 그려 보냈다.

남편 이원수는 자신보다 여러 면에 나은 부인을 진심으로 존경하고 부인의 가르침을 많이 받았다. 그렇지만 사임당 자신은 남편보다 우월하다고 생각하거나 남편을 홀대하는 일이 없었다. 자발적 순종이 무조건적 복종이 아님을 아는 사임당은 자신과 달리 심성이 착한 좋은 남편을 아내로서 순수하게 존중하는 마음으로 부족한 부분을 보완해주고자 했다. 밖으로 도는 남편을 이끌어 집안일을 함께 의논하면서 가장의 위신을 세워주려 했고 항상 자신보다 남편을 앞세우고자 노력했다. 실수하는 일이 있어도 스스로 깨닫고 바르게 결정할 수 있도록 늘 간곡히 조언하는 방식을 택했다. 논리적으로 따져 말할 때도 부드럽고 완곡하게 표현하려 애썼다. 그만큼 신사임당은 학문이나 인품에 있어 지극히 높은 경지에 도달한 여성이었다.

그렇다고 남편의 마음이 편하기만 했을 리 없다. 똑똑한 아내 앞에 자격지심도 있고 때로는 상처도 받았을 것이다. 앞에서도 지적했듯이 부부생활도 불편했던지 남편은 첩살림을 차리기도 하는 등 결혼 내내 외도를 했는데 어린 술집 여자 권씨와 바람을 피우고 있었던 것이다. 가정불화에 따른 긴장과 갈등을 이겨내가며 남편을 용서하고 나아가 못난 남편을 존중한다는 것은 쉬운 일이 아니다. 남편의 자존심을 건드리지 않으면서 아내인 자신에게 기꺼이 다가올 수 있는 여건을 만들어주려고 애썼던 점은 신사임당의 남다른 지혜이자 학덕이다.

보통 여자들 같으면 자신이 남편보다 학식이 높은 경우에 남편을 깔보기 쉬우나 사임당은 그렇지 않았다. 그녀는 비록 남편이 자기와 잘 어울리지 않는 상대요, 부부 관계가 원만하고 행복한 것은 아니었으나, 일단 맺어진 동반자로서의 남편을 그대로 인정하였다. 그리고 두 사람이 지속적으로 발전시켜나가야 할 부부 관계에 대해서 충실해지고자 묵묵히 노력했다. 사임당의 슬기로운 모습은 자손을 비롯한 후대 사람들에게 영향을 미쳤다고 본다. 우선 퇴계 이황(1501~1570)의 학통을 이었던 이상정(1711~1781)의 아내가 연상된다. 이상정은 제문을 통해 부인의 고매한 인품을 기렸다. 이상정은 자기가 젊었을 때 여성을 가까이한 적이 있는데 아내가 처음에는 모르는 척하다가 얼마 지나 차분히 말했던 내용을 언급하였다. 즉 아내는 "남자가 젊은 시절 이런 일이 있는 것쯤이야 이상할 것도 없지만, 군자로서 품위를 잃을까 염려스럽습니다. 정 헤어질 수 없다면 따로 소실을 들여 곁에서 모시도록 하는 게 어떻겠는지요?"(『대산집』)라고 했다는 것이다.

사임당은 남성이 웬만하면 따라올 수 있도록 사로잡는 고도의 매력을 가지고 있었다. 그녀는 남편과 별거까지 했음에도 이혼에 이르지 않고 오히려 사후에도 남편의 마음을 떠나지 않게 붙잡아놓았던 여성이다. 필요에 따라 남편에게 쓴소리를 할지라도 인격적으로 남편을 존중하고 겸손함을 유지했기 때문이다. 따라서 그녀를 가부장제적 이데올로기의 열녀나 양처라 부른다면 맞지 않는다. 열녀라면 주로 남편이 죽은 뒤부터 정절을 지키는 여성이라고 볼 때 신사임당은 남편보다 10년이나 먼저 죽었고, 양처라면 순종하는 피동적인 여성이어야 하나 훈계하는 적극적인 여성이었으니 더욱 그러하다.

신사임당의 온화하면서도 강직한 모습은 조선 후기 남편들에게 충고와 조언으로 존경을 이끌어냈던 사대부가 여성들에게 크게 영향을 미쳤다. 가령 판서를 지낸 윤봉구(1683~1767)의 아내 영인 박씨가 떠오른다. 영인 박씨는 신사임당보다 후대 사람으로서 남편 윤봉구가 극찬했던 인물인데, 아내가 먼저 죽자 남편은 제문을 통해서 그녀의 분별력을 높이 샀다. "당신은 무턱대고 나를 따르기만 하지는 않았소. 따를 만하면 따르고 따라서 안 될 일은 의리로 분별하고 부드러운 말로 충고하여 바른 길로 가도록 인도해주었소. 당신의 그 덕성과 식견은 옛말에서 이르는 '여선비'라 해도 과언이 아닐 것이오."(『병계집』)

부부가 살아가며 직면하게 되는 가정에서의 문제는 인성적인 쪽에만 있는 것은 아니었다. 속없이 자유롭게 살고자 하는 남편은 가정경제에 무관심한 편이었다. 율곡이 어머니 행장에서도 "아버지께서는 성품이 호탕하여 작은 일에 얽매이지 않아 집안일을 돌보지 않으셔서 살림이 넉넉지 못하였다."고 적었다. 더구나 시집에서 물려받은 재산도 없었으므로 집안의 경제 사정이 좋지 않았고, 오히려 사임당이 직접 생계를 꾸려가야 할 만큼 집안 살림이 가난했다. 무엇보다 남편이 나이 50이 다 되도록 과거 준비로 시간을 보내야 했던 게 문제였다. 사임당이

20년 가까이 강릉의 친정 가까이에 머물렀던 이유 가운데 하나도 가정경제 때문인 것으로 보기도 한다.

몇 대에 걸쳐 집안 형편이 어려웠기 때문에 집안을 일으켜 보고자 다짐하던 자녀들의 고민도 가볍지 않았다. 율곡 이이가 아우 이우에게 당부했던 말도 시사하는 바가 크다. 율곡은 "가문을 떨치는 일이 네게 있으니 창문의 눈빛과 반딧불을 이용해 공부할 만큼의 집념 어린 노력을 기울이거라."라고 했다. 과거에 합격하여 관직에 오르기를 바라는 형의 간곡한 바람을 통해 가정 형편이 어느 정도였는지 쉽게 알 수 있다. 율곡이 19세 때 친구인 성혼(1535~1598)에게 보낸 편지에서도 "우리 집안은 대대로 살아가는 데 필요한 사업이 없어 집을 이끌어갈 수 없을 만큼 곤궁하여 연로한 부친이 계신데도 항상 맛있는 음식을 못 해드리니 아들 된 자로서 어찌 마음이 움직이지 않겠소이까?"라고 하여 자기 집이 가난함을 드러내면서 아버지에 대한 효성스러움을 표출하고 있다. 이 편지의 말미에서도 부친을 봉양해야 하기 때문에 과거를 치르지 않을 수 없다고 적고 있다. 분명 이원수는 가정을 책임질 수 있는 든든한 가장은 아니었으니 신사임당이 감당해야 할 일이 그만큼 늘어날 수밖에 없었다.

사임당은 타고난 체질이겠지만 신경이 남달리 예민한 탓인지 아니면 너무나 정신이 고상했기에 그랬는지 대단히 병약한

편이었다. 사임당의 나이 37세가 되던 중종 35년(1540)에도 몸이 몹시 아파 온 집안이 걱정에 잠겼던 일이 있었다. 이때 다섯 살 난 율곡이 사라지고 없어 사람들이 여기저기 찾아보니 집 뒤에 있는 외조부의 사당 앞에 가서 꿇어 엎드려 "어머님 병환을 속히 낫게 해주십시오."(『율곡집』) 라고 하며 기도하고 있었던 일은 유명하다.

사임당의 나이 48세가 되던 명종 6년(1551)에는 남편 이원수(당시 51세)가 한 해 전에 임명된 수운판관의 업무를 수행하기 위해 맏아들 선(당시 28세)과 셋째 아들 이(당시 16세)를 데리고 평안도 지방으로 내려가 있었다. 수운판관이란 나라에 조세로 바치는 곡식을 실어 올리는 선박 사무를 맡은 종5품 벼슬이다. 이원수는 가문의 덕에 힘입어 음서로 나이 50에서야 수운판관이라는 관직을 맡게 되었다. 남편이 아이들과 같이 평안도에 간 것은 사임당이 수진방에서 10여 년 살다가 삼청동 관사로 이사한 지 얼마 안 되었을 때이다.

행장에 따르면 사임당은 남편이 있는 여관으로 편지를 보냈다. 자신의 죽음을 예견한 사임당은 눈물을 흘리며 편지를 썼는데 그 내용을 아는 사람은 아무도 없었다. 이어 행장에서 율곡은 "그해 5월에 일을 마치고 아버지께서 배를 돌려 서울로 향하셨는데 미처 집에 도착하기 전에 어머니께서 병환이 나셨다.

2, 3일 앓으신 뒤 자녀들에게 '아무래도 일어나지 못할 것 같구나.'라고 하셨다. 그날 밤은 여느 날처럼 잠자리에 드셔서 병환이 좀 나은 줄 알았는데 5월 17일 새벽에 갑자기 돌아가시니 향년 마흔 여덟이었다."고 적고 있다. 남편도 취직했고 겨우 안심을 하게 되었을까. 가슴 통증을 앓다가 자리에 눕게 되었는데 심장병으로 죽었다고들 한다.

사임당이 세상을 떠나던 그날 남편과 아들들이 배를 타고 서강에 도착했을 때 행낭 속에 있던 놋그릇이 붉게 변하여 모두 이상하게 생각했는데, 조금 있다가 사임당이 죽었다는 소식을 듣게 되었다. 당시 막내 아들 이우는 열 살밖에 안 되었다. 경기도 파주시 자운산에 장사를 지냈다. 율곡을 추모하기 위해 설립한 자운서원 뒤편에 이원수와 합장된 사임당 묘(현주소는 경기도 파주시 법원읍 동문리임)가 있고 그 주변에 13기의 가족묘가 있다. 사임당은 후에 정경부인으로 증직되었다.

이원수는 천성이 낙천적이고 욕심이 없었다. 실록(명종 21년 3월 24일)에 따르면 그가 불경 읽기를 매우 좋아했다고 하는데, 사임당의 인격과 재능까지 모두 존중하는 진솔함과 후덕함을 지녔던 그가 상처를 하고 난 후 쓸쓸한 마음을 달래기 위해 불교에 심취했을 것이다. 이는 이원수의 소박한 인생관과 더불어 생사에 대한 철학적 관심을 말해주는 사례이다. 『율곡전서』

에 이원수의 성품에 대해서 "진실하고 정성스러운 데다 꾸밈이 없으며 너그럽고 검소하여 옛사람과 같은 풍모가 있다."고 기록되어 있다. 사임당의 행장을 보더라도 이원수는 얽매이는 것을 싫어하고 떠돌아다니는 것을 좋아했다. 사람들과의 친밀한 교제보다는 자연을 벗 삼아 자유로이 다니면서 감상을 즐긴 풍류적 인물이었던 것 같다.

이원수는 사임당이 죽은 뒤 10년을 더 살았는데, 그동안 승의랑(정6품)으로 사헌부 감찰을 역임하였다. 명종 16년(1561) 회갑 되던 해 5월 14일 세상을 마감한 뒤에 사임당의 곁에 묻혔다. 조광조의 제자로 은거하여 공부에만 전념했던 성수침(1493~1564)은 이원수의 묘비명에서 "자못 옛 어른의 풍도가 있었다."고 칭송하였다. 송시열도 사임당 행장에서 이원수를 두고 "'좋은 술은 질그릇에 담지 않는다'는 말 그대로다."라며 이원수의 큰 덕을 찬양하였다. 다만 불행하게도 아들 율곡으로부터 추모와 존경에서 나오는 행장을 얻어내지 못했다. 율곡은 어머니와 외조부모에 대한 행장만 지었을 뿐이다.

4
부모에 대한 효성이 지극하다

신사임당은 몸이 불편한 어머니를 두고 출가할 생각을 하면 가슴이 답답해져 혼인을 늦추어달라고 부모에게 간청했었다. 신사임당이 19세에 혼인을 했지만 친정 부모로서는 아들 삼아 키웠던 딸이기 때문에 시댁으로 얼른 보내지 못했다. 사실 조선 중기 당시에는 결혼 후 일정 기간 처가에서 사는 남자들이 많았다. 사임당이 출가 후 그대로 친정에 머물러 있던 그해(1522) 11월 7일에 불행하게도 친정아버지 신명화가 한양 본가에서 47세로 세상을 떠나고 말았다. 가족 어느 누구도 임종을 지키지 못한 채 홀로 눈을 감았다. 시신은 낯선 지평의 적두산 기슭에 묻었다고 아버지를 따라 한양에 갔던 행랑아범이 전했다. 그 뒤로 강릉 조산 언덕에 이장했다. 영조 때의 최고 시인

사천 이병연(1671~1751)이 "아버지 교훈 아래 자라난 부인, 우리 동방 어진 인물 낳으셨나니"라고 했던 그 아버지이다.

어려서부터 효성이 지극했던 사임당은 남편과 시어머니에게 양해를 구하고 친정아버지 탈상 때까지 묘소를 지키기로 했다. 아직 혼례상 폐백도 올리지 못한 새색시가 친정아버지의 삼년상을 치른다는 것은 고려시대 풍습이 남아 있더라도 조선 사회에서는 흔치 않은 일이었다.

사임당은 삼년상을 마치고 중종 19년(1524) 친정을 떠나 한양 시댁으로 올라갔다. 결혼 후 3년 만에 처음으로 시어머니인 홍씨에게 신부의 예를 드렸다. 사임당은 친정에서 부모로부터 배운 대로 시어머니에게 진정으로 효도를 다하였다. 행장에는 "모든 일을 마음대로 한 적이 없고 반드시 시어머니에게 말씀드렸다. 그리고 시어머니 앞에서는 시중드는 여종도 꾸짖는 일이 없고 말은 언제나 따뜻하고 낯빛은 언제나 온화했다."고 적고 있다. 부모의 자존감을 세워주는 것이 효도의 본질이라 할 때, 똑똑한 체 혼자 알아서 결정하지 않고 시어머니에게 묻고 상의했던 사임당이야말로 참된 자녀의 본보기였다.

앞에서도 언급한 것처럼 시댁의 일가친척들이 다 모여 있는 자리에서 사임당만 가만히 앉아 있었는지 시어머니가 며느리를 향해 "왜 말이 없느냐?"고 했을 때도 사임당은 공손하게 고쳐 앉아 부드럽게 대답을 했다는데 그것이 쉬운 일만은 아니다. 그녀는『예기』나『내훈』에 나오는 바와 같이 "부모를 섬길 때는 은근히 간할 수 있으나 대놓고 간할 수는 없다."는 가르침을 실천했던 것이다.

시댁으로 올라오긴 했으나 사임당은 그대로 한양에만 머물지 않았다. 신랑 집에서의 신행 잔치가 끝나고 시어머니의 분부에 따라 사임당 부부는 한양에서 서쪽으로 50킬로미터 떨어진, 덕수 이씨 집성촌인 경기도 파주의 밤나무가 많은 율곡리에서 살게 되었다. 유산이라곤 농가 한 채와 논밭뙈기 조금에 불과하여 생활해가기에 무척 곤란한 형편이었다. 시댁으로 올라간 그해 9월 한양에서 맏아들 선을 낳았다. 홀로 계신 친정어머니가 기력이 쇠하여 거동도 잘 안 하신다는 소식을 들은 스물한 살의 사임당은 다시 남편과 함께 시어머니의 허락을 얻어 강릉을 향해 율곡리를 출발했다. 이때부터 십수 년간을 파주, 강릉, 봉평 등으로 옮겨 다니며 분주히 살았다.

사임당은 25세 되던 해인 중종 23년(1528) 49세를 맞은 친정어머니 용인 이씨의 열녀문이 강릉에 세워지게 되면서 남편과 같이 친정인 강릉으로 내려갔다. 외가에 대대로 물려온『삼강행실도』는 삼강의 모범이 될 만한 중국과 조선의 충신·효자·열녀를 각각 35명씩 모두 105명을 뽑아 그 행적을 그림과 글로 칭송한 책이다. 외조모로부터 글자를 배운 어머니 용인 이씨는 어릴 때부터 책장이 닳도록 이 책을 읽고 또 읽었으며, 딸들에게는 특별히 '효도편'에 나오는 이야기를 많이 들려주었다.

사임당은 어디를 가나 외로이 사는 친정어머니를 잊지 못했다. 10여 년을 옮겨 다니며 살다가 다시 강릉 친정으로 내려온 지 몇 년이 지났고 자신의 나이는 어느새 마흔을 바라보고 있었다. 이렇듯 신사임당은 친정 근처에서 20년 가까이 아이들을 키우며 살다가 연로한 시어머니가 노환으로 아프다는 소리를 듣게 되었다. 그리하여 중종 36년(1541) 38세 때 시어머니를 대신하여 시댁 살림을 주관하기 위해 비로소 친정을 완전히 떠나 한양 수진방으로 이사를 해야 했다.

신사임당은 친정어머니와 뜨겁게 작별 인사를 하고 네 살짜리 막내딸까지 데리고 한양으로 올라가면서 대관령에 이르러서 시를 읊게 되었다. 고개에 올라서서 어머니 생각에 가마를 멈추고 한동안 쓸쓸히 눈물을 훔치다가 「대관령을 넘으면서 친정을 돌아보다(踰大關嶺望親庭)」라는 시 한 수를 남겼다.

늙으신 어머니를 고향에 두고	慈親鶴髮在臨瀛
한양을 향해 떠나는 마음 외롭기 그지없네	身向長安獨去情
고개 돌려 북촌 땅을 바라보니	回首北村時一望
흰구름 내려앉는 저녁 산만 푸르네	白雲飛下暮山靑

대관령은 아흔아홉 굽이라고 하는 만큼 꼬불꼬불 험준한 산길이다. 대관령을 넘는 데만 이틀 발품을 팔아야 된다고도 한다. 이 지치고 고단한 여정을 더 힘들게 하는 것은 어머니이다. 사임당은 임영(강릉의 옛 지명) 땅 현재의 오죽헌이 자리 잡고 있는 북촌을 바라보며 홀로 계신 친정어머니가 그리워 눈물을 흘리고 있다. 친정어머니는 남편을 여읜 지 이미 20년이나 지났고 벌써 62세가 되었다. 더구나 친정어머니는 본시 아들은 낳지 못하고 딸만 다섯 두었는데 지금은 모두 출가한 상황이다.

북촌은 어질고 자상했던 외조부모에게 재롱을 떨던 곳이다. 자신을 믿어주던 든든한 아버지와 현명하고 온화한 어머니가 낳은 다섯 자매가 평화롭게 지내던 곳이다. 대나무, 매화, 가지, 풀벌레 등 미세하고 친근한 사물들을 화폭에 담아내며 재예를 키워가던 아름다운 곳이다. 홀어머니와 함께 호롱불 아래서 바느질하던 곳이요, 아들딸을 낳아 가르치며 속정을 나누던 곳이다. 그리고 소곤소곤 이야기가 머물고 있고 새록새록 그리움이 묻어나는 곳이기도 하다.

문장력이 뛰어나고 효성스런 그녀가 어머니를 사모하는 시를 적지 않이 지었을 것이다. 율곡이 지은 사임당 행장에도 "어머니는 일찍이 외할머니를 그리워하는 시를 지으셨다. '밤마다 달을 보며 비나니/생전에 다시 뵙게 해주소서(夜夜祈向月 願得

見生前)'라고 하는 시인데, 그 효심은 하늘에서 내린 것이리라."
라고 기록되어 있다. 사임당은 시를 쓰다 잡념이 들어 완성하지
못한 듯하다. 사임당이 지은 시가 많았다고 하지만 전해지는 것
은 이것을 포함하여 세 편뿐이다. 41세 때(1544) 지은 것으로
추정되는 마지막 한 편 「어머니를 그리워하다(思親)」라는 시를
들어보자.

첩첩산중 내 고향은 천리련마는	千里家山萬里峰
자나깨나 꿈속에서도 돌아가고파	歸心長在夢魂中
한송정 가에는 외로이 뜬 달	寒松亭畔孤輪月
경포대 앞에는 한 줄기 바람이네	鏡浦臺前一陣風
갈매기는 모래톱에 헤락 모이락	沙上白鷗恒聚散
파도 위의 고깃배는 오고 가리니	海門漁艇任西東
언제나 강릉길 다시 밟고 가	何時重踏臨瀛路
색동옷 입고 앉아 바느질할꼬	更着班衣膝下縫

붓을 드는 손길엔 늘 헛헛한 마음을 채울 듯이 새로운 기
운이 뻗친다. 아침이 되면 아이들의 어머니로, 한 집안의 며느
리로 분주히 살다가 달 뜨는 밤이 되면 지필묵을 펼쳐놓고 자신
만의 조용한 시간을 가질 수 있었다. 다정다감한 사임당은 떠나
올 때 못난 딸을 염려하며 눈가를 적시던 노모를 그리워했다.
친정어머니는 아버지와 떨어져서 지낼 때나 돌아가시고 나서나

홀로 다섯 딸을 가르친 스승이기도 했다. 아버지가 세상을 떠난 다음 봉양하는 아들 하나 없이 딸 다섯이 모두 출가한 상태로 지내는 어머니에 대한 사임당의 마음은 사무칠 수밖에 없었다.

위 시를 보면 외로운 인간과 풍요로운 자연과의 교감이 묻어날 뿐만 아니라 꾸밈없는 자연의 순수와 일체가 될 수 있는 선한 인간의 그리움이 돋보인다. 그리고 자연과 하나 되는 인간적 질서가 예술적 상상과 융합되는 지평도 느낄 수 있다. 호수, 모래밭, 갈매기, 바다 등 모두가 사람에게 정겹게 다가오는 넉넉한 자연이요, 인간이 그 평화롭고 여유로운 자연을 통해 빚어내는 심미적 조화가 향수를 불러일으킨다. 솔숲이 우거진 한송정이나 관동팔경의 하나인 경포대 등을 배경으로 하여 초나라의 효성스러웠던 노래자를 등장시킨 의도가 아름답다. 나이 70이 되어서도 부모 앞에서 재롱을 떨 수 있는 것은 인간의 자연스러운 모습이다. 사임당은 자연의 일부가 되어 겸허한 마음으로 위 시를 읊었을 것이다. 그토록 어머니를 걱정하던 사임당은 48세밖에 살지 못하고 세상을 떠난 데 비해 친정어머니는 딸보다 18년이나 더 살아 90세에 눈을 감았다.

사임당은 어려서부터 유교 경전과 명사들의 문집을 탐독하며 글쓰기에 재능을 보였다. 늘 손에 책과 붓이 들려 있던 그녀에게서 많은 작품이 나왔겠지만 애석하게도 남아 있는 시는 세 편에 지나지 않는다. 물론 이 시들은 통찰력이 뛰어나고 감수성이 예민한 예술가의 면모를 잘 드러낸다. 그런데 이 세 편의 내용이 모두 어머니를 그리워하는 것이라는 점은 꼼꼼히 따져볼 필요가 있다. 그녀의 지극한 효성은 국가에 대한 충성으로 확장될 수 있기 때문이다. 자녀들을 교육하면서도 국가에 봉사할 것을 가르쳤듯이 유교정신이 투철했던 사임당에게는 가정에서 부모에게 효를 다하고 나아가 국가에 봉사해야 한다는 정신적 토양이 있었다. 마치 공자가 시의 효용을 말하면서 "가까이는 부모를 섬기는 도리가 있고 멀리는 임금을 섬기는 도리가 있다."(『논어』 태백편)고 말한 것처럼 비록 효성에 대한 시를 썼지만 그녀의 시심 속에는 충성도 있었다.

사임당은 친정 부모에게만 효성을 다한 것이 아니다. 친정어머니에게 배운 대로 시어머니 홍씨에게도 최선을 다해 극진히 효도했다. 친부모보다 시부모를 먼저 섬겨야 함을 강조하는 유교적 법도를 모르는 바도 아니었고 더구나 일찍이 홀로 된 시어머니였기에 그 외로움을 생각하여 예로써 효를 행하려 하였다. 친정 부모든 시부모든 『예기』나 『소학』에 나오는 대로 부모의 마음을 잘 헤아리고 뜻을 받드는 것이 진정한 효도임을 사임당은 누구보다 잘 알고 실천했다.

5
자녀교육관이 투철하다

조선조 유교 사회에서 부모 가운데 아버지는 자녀의 인성 및 장래 등 교육에 대해 전반적으로 책임을 진다고 여기는가 하면 어머니로서의 역할은 아이를 양육하는 것, 즉 먹이고 입히는 것이라 생각해왔다. 여성은 교육자(educator)라기보다는 양육자(carer)로 인식되었던 게 사실이다. 우리 어머니들의 삶은 받는 것보다 베푸는 것을 천명처럼 생각하며 자식에게 한없는 내리사랑을 실천해왔다. 자식의 일이라면 세상 무서울 것 없이 물불 안 가리고 헌신적이었다. 세상 못 할 일 없이 자식을 위해 다 하다 보니 사실 부작용도 낳을 수밖에 없었다.

그러나 좀더 훌륭한 어머니들은 분별력 있게 자녀들을 교육했다. 부드러우면서도 강하고 엄하면서도 자애롭게 자녀를 가르쳤던 어머니들이 우리의 오랜 역사에 이름을 드러낼 수 있었다. 무엇보다 남편 없이 홀로 자녀들을 훌륭하게 키웠던, 이황, 김만중, 김주신, 정여창, 한석봉 등의 어머니들이 보여준 엄격함은 눈물을 자아내게 한다. "얼러 키운 후레자식"이라는 속담이 있듯이 하나같이 이들은 자식으로 하여금 아버지가 없어 버릇없다 소리를 듣는 것을 경계하고 건강한 사회구성원으로 존중받으며 살기를 바랐다.

사임당은 『여계』나 『내훈』 등에 나오는 "사랑하면서도 가르치지 않으면 자식이 자라서 어질지 못하게 된다. 자식의 뜻을 따르지 말고 조금이라도 방종하면 곧 조심하도록 하며 자식의 악함을 두둔하지 말고 한 번 악을 행하면 곧 매를 쳐야 할 것이다."는 말을 새겼다. 『예기』의 내용대로 어린아이의 잘못은 모두 어머니가 기른 것이요 아이가 성인이 된 뒤는 뉘우쳐도 소용없음을 통감하며, 자식의 성공이 어머니 교육에 달렸음을 깊이 깨닫고 있었다. 사임당이야말로 양육자의 수준을 훨씬 넘어서는 참된 교육자의 면모를 지녔다. 안타까운 것은 자신이 교육적으로 실천했던 것만큼 자녀들을 직접 가르쳤다는 기록을 찾기 힘들며 교육 관련 저술을 남기지 않은 점이다.

사임당은 자식들에게 무조건 잘해주고 헌신만 하는 여성이 아니었다. 조선시대의 현모가 자식을 위해 무한히 희생하는 이미지가 강했다면 사임당은 그런 의미와는 크게 다르다. 그렇다고 자녀 7남매를 강압적으로 끌어가려거나 일방적으로 훈계하려고만 하지도 않았다. 사임당에게는 그녀만의 독자적인 교육관이 있었다. 자녀가 건전한 사회의 일원이 되고 많은 어려움에 대처해나갈 수 있도록 사임당은 분명한 교육철학을 갖고 따뜻한 사랑과 더불어 따끔한 회초리로 가르치려 했다. 또한 그녀에게는 서로 신뢰하는 가운데 쌍방의 노력으로 교육의 효과를 극대화시킬 수 있다는 믿음이 있었다. 수직적 관계가 아니라 수평적 관계가 되어야 한다는 소신으로 부모와 자녀가 함께 상호보완하면서 성숙해가는 줄탁동시의 노력을 해왔다.

이와 같이 사임당의 주체적인 교육관은 지적이고 실용적이며 창의적이었다. 사임당은 자신의 호를 지을 때부터 자녀교육관을 시사했다. '사임당'이라는 호가 성군으로 불리는 주 문왕의 어머니인 태임을 본받겠다는 뜻이기 때문이다. 태임은 임신을 하자 눈으로 나쁜 빛을 보지 않고 귀로 음란한 소리를 듣지 않으며 입으로 오만한 말을 내지 않았으므로 아들 문왕이 태어났을 때 총명하고 통달하여 태임이 하나를 가르치면 백 가지를 알았다고 한다(『열녀전』, 『소학』, 『내훈』 등). 태교부터 잘 하여 훌륭한 아들을 낳았던 태임처럼 사임당은 올바른 교육을 통해 위대한 어머니가 되고 싶은 꿈을 꾸었을 것이다. 그녀는 어머니로서 자식들이 존경할 수 있는 철학과 신념과 행동을 보여준 여성이었다. 그렇다고 신사임당이 자녀교육에만 치중한 것은 아니다. 기회 있을 때마다 집안의 하인들 특히 계집종들에게도 인간으로서 갖춰야 하는 덕행과 예의 등을 가르쳤다. 그녀에게는 사회적 구성원으로 살아가는 데 필요한 교육에 관련된 지적 관심과 정신적 자질이 남달랐다. 이에 신사임당을 우리는 한국의 대표적인 여성교육가로 불러도 손색이 없을 것이다.

그리고 사임당은 심오한 교육철학을 부모와 자녀가 서로 공유하려고 노력하기 이전에 부모의 솔선수범하는 행동을 통해 자녀가 스스로 깨달을 수 있도록 도와주는 멘토가 되어야 한다고 생각했다. 부모가 가르치고 말하기 전에 자녀가 자발적으로 따를 수 있을 정도로 부모는 부지런해야 하고 독서를 많이 하고 부덕을 쌓아야 한다고 여겼다.

실제로 사임당은 자녀 교육에 앞서 자신이 먼저 나태함이 없는 생활 속에서 학문과 예술에 진지하게 접근하려 애썼다. 말수가 적은 사임당은 자식들을 가르치기 이전에 늘 착실하게 가정살림을 도모하면서도 자신을 위해 공부도 하고 그림도 그리는 등 스스로 실천하는 본보기가 되었다. 현재까지 전하는 40여 점의 그림을 비롯하여 그녀의 예술작품 대부분이 결혼 후에 제작된 것이라는 점에서도 사임당의 근면 성실함은 돋보인다. 이렇듯 사임당은 자녀교육과 관련되는 어머니로서의 자질과 실천에 개성이 뚜렷했다.

그녀는 출가하기 전부터『내훈』,『여계』,『여논어』,『여범』,『명심보감』,『소학』 등 많은 여성 관련 저술 및 일반 교양서들을 읽어왔다. 더구나 결혼 후에는 자녀교육을 제대로 수행하기 위한 지식 획득을 위해 철학서나 교육서 등에 특별히 관심을 갖고 손에서 책을 놓지 않았다.

사임당은 결혼한 지 3년 만인 21세에 한양에 올라가 사는 동안 맏아들 선을 낳았고, 강릉에 살던 26세 때인 1529년 홍매화가 흐드러지게 핀 봄에 큰 딸 매창을 낳았으며, 28세 때 차남 번을 낳았고, 30세 때 차녀를 낳았다. 그리고 33세 때 율곡 이이를 낳았으며, 1538년 35세 때 셋째 딸 예원을 낳았고, 1542년 39세 때 막내 아들(4남) 옥산 우를 낳았다. 이렇게 사임당은 4남 3녀를 두었다. 아무리 바빠도 아이들 교육에는 태만할 수 없었다. 처음에는 매일 저녁 잠자리에서『사자소학』,『명심보감』,『대학』,『중용』 등을 읽어주었고 어느 정도 시간이 지나면서 아이들 스스로 독서할 수 있도록 책을 준비해 놓아주는 게 일이었다.

사임당은 자녀교육과 관련 깊이 궁리하면서 자신이 먼저 현모가 되어야 아이들을 바르게 가르칠 수 있을 것이라는 생각을 하게 되었다. 이른바『주례』에 나오는, 유교적 부도로서의 사덕(四德), 즉 바르게 처신하라는 부덕, 말을 가려서 하라는 부언, 외모를 정갈히 하라는 부용, 게으름을 피우지 말라는 부공을 갖춰야겠다는 다짐을 하지 않을 수 없었다. 그리하여 4남 3녀의 자녀들은 특별히 스승 없이도 부덕을 갖춘 어머니로부터 학문을 배우고 인격을 함양할 수 있었다. 안타깝게도 사임당은 고시생 남편을 뒷바라지하면서 7남매를 가르치느라 평생 한 번도 놀러 나가지도 못했다고 한다. 사임당은 남편에 대해서도 다른 것은 참을 수 있었지만 자식들한테만큼은 부끄럽지 않은 부모로 살아주길 바랐다.

신사임당은 어려서부터 과묵하고 참을성이 많았으며 언제나 겸손하고 모든 일에 신중한 편이었다. 무엇보다 말을 많이 하는 것은 유교 사회에서 부정적으로 인식되었던 만큼 사임당은 어머니 용인 이씨가 그랬던 것처럼 이를 숙지하고 실행하고자 했을 것이다. 사임당이 읽었을 인수대비의 『내훈』에서도 "말이라는 것은 영예와 치욕의 관건이며 사람과의 관계를 친밀하게도 하고 소원하게도 하는 중요한 조건이므로 ……현명한 여자는 입을 조심한다."라고 경고하였다. 『소학』에 나오는 "말을 많이 하지 말라. 말이 많음은 여러 사람이 꺼리는 바이다."라는 경계의 글은 『내훈』에서도 다시 언급된 바 있다.

여성으로서 갖춰야 하는 부덕을 사임당이 큰딸에게 가르

치는 장면은 매우 인상적이다. 매창(1529~?)의 남편 조대남(1530~1586)은 음주 가무를 즐기는 편이었다. 놀기 좋아하는 한 살 아래의 남편을 딸이 걱정하자 사임당은 "남자란 여자가 하기에 달렸느니라. 더러 못마땅한 일이 있더라도 참고 언제나 명랑하게 대하고 네 스스로 차분히 마음을 닦으면 남편도 감동하여 행실을 고칠 것이다."라고 했다. 참으로 멋진 가르침이 아닐 수 없다. 남편보다 한 차원 높은 학덕과 인격을 통해 가정을 바르게 이끌어가길 바라는 어머니의 교육철학이 돋보인다. 물론 매창의 남편은 부끄러움을 알고 자신의 부족한 행실을 고쳤다고 한다. 신사임당이 남편 이원수와의 관계에서 보여주었던 그대로이다.

사임당은 어려서부터 인생의 목표를 바르게 세우는 것이 평생을 좌우할 정도로 중요함을 깨닫고 있었다. 그리하여 자신 스스로 호를 지어가며 '입지(立志)'를 다졌던 사임당은 7남매를 바르게 가르치려는 집념 속에 각자 스스로 '뜻을 세울 것'을 강조했다. 즉 사임당은 뚜렷한 목표 설정이 학문의 관건이라 생각하였다. 학문을 시작하기 위해서는 입지가 중요한 만큼 사임당은 "학문은 입지를 먼저 하는 것이 필요하다. 입지가 극히 높고 크지 못하면 나아가는 바가 반드시 낮을 것이다."라고 주장했다. 다시 말해 그녀는 자신의 생애를 꿰뚫고 나아갈 수 있는 가치 지향의 '길을 정하는 것'이 교육적 성과에 도달할 수 있는 선결조건이라 판단했다. 곧 입지란 학문을 해보겠다는 강한 의욕을 품는 것이며 학문적 성취의 원천이라 해야 할 인생의 목표를 세우는 것이다. 이를테면 공자가 "나는 열다섯에 학문에 뜻을 두었다."(『논어』 위정편)고 한 말과 같은 맥락이다. 사임당은 도를 깨우치기 위한 학문에 주체적으로 뜻을 두기를 바라면서 입지를 굳게 가지라고 가르쳤다. 그러기에 김종직(1431~1492)이 "모든 학문의 시작은 『소학』에 두어야 한다."고 했던 그 『소학』을 사임당은 귀하게 여기면서 그 가운데서도 '입교'를 가장 중요하게 생각했다. 김종직이야말로 이 땅에 유학 교육의 입문서인 『소학』의 가치를 드높이고 도학의 학풍을 진작시키는 데 공헌한 위대한 인물이다. '기묘명현'이라는 아버지 신명화도 사임당에게 당연히 『소학』을 가르쳤을 것이다. 『소학』은 기묘사화 후 금서에 가까운 기피 대상이 되었다.

맏아들 이선(1525~1570)이 허약한 몸으로 공부하느라 여러 차례 과거시험에 낙방하고 실의에 빠질 때도 사임당은 "사람이란 꼭 과거에 올라야만 나라에 충성하고 부모에게 효도하는 길이 열리는 것은 아니다."라며 "모든 일이 마음먹기에 달렸으니 너무 낙심하지 말고 조용히 학문을 닦으라."고 타일렀다. 사임당은 '스스로를 수양'하는 데 학문의 큰 가치가 있으므로 무리하지 말고 좀 쉬라고 아들을 위로했다. 사임당이 생각하는 학문이란 자신의 꿈을 실현하기 위해서 하는 것이었다. 그리고 그러한 학문의 본질에 다가가기 위해서는 단호한 마음가짐, 즉 뜻을 세우는 입지가 중요함을 토로했다. 맏아들 선은 어머니의 충고에 따라 뜻을 세워 열심히 정진하여 41세에 진사에 올랐다. 다만 47세에 한양의 남부 참봉이 되었다가 몇 달 지나지 않아 그해 8월에 세상을 떠났다. 그러나 이선은 인품이 훌륭했고 학문에도 깊이가 있었다.

사임당은 학문에 들어서면 무엇보다 믿음과 의리, 즉 '신의(信義)'의 중요성을 깨달아야 한다고 자녀들에게 가르쳤다. 그리고 학문의 내용이라 할 수 있는 이 신의의 진정한 가치는 깨닫는 데 그치지 않고 실행에 옮기는 것이라고 이야기했다. 신의는 사사로운 정에 치우치지 않고 공적인 의를 지키는 것이다. 사임당이 남편에게 조언과 충고를 할 때도 핵심적인 내용은 신의였다. 그녀는 교육적 관점에서 항상 신의를 최고의 이념이자 신의의 실천을 가장 귀한 덕목으로 인식했다. 이는 사임당이 7남매의 교육에서 무엇보다 공맹의 가르침을 구현하려고 애썼음을 의미한다.

『논어』자로편에 나오는 "말을 했으면 반드시 행해야 한다."는 표현이나, 학이편에 나오는 "친구와 사귀되 말에 믿음이 있으면 그가 배우지 않았더라도 나는 반드시 그를 배웠다고 하리라.”라는 표현을 인용하면서 사임당은 신뢰의 여부가 언어에 좌우됨을 강조하는 동시에 신의의 가치를 제고시켰다. 사임당은 신의를 가장 중요한 것으로 생각했기에 『중용』의 말을 빌려서는 “언어란 반드시 행실을 돌아보아야 되고 행실은 언어를 돌아보아야 된다.”고 가르쳤다. 그녀가 소중히 여긴 『소학』에서도 사마광(1019~1086)이 평생 동안 힘써야 할 덕목으로 꼽은 것은 ‘자기가 한 말을 이루는 것’이었다고 적고 있다.

신의와 관련된 교육내용으로서 신사임당은 자녀들에게 ‘청렴(淸廉)’의 중요성을 가르쳤다. 사임당은 언제나 자녀들에게 명예나 잇속을 따르지 말고 몸과 마음을 깨끗하게 해야 한다고 강조했다. 『소학』, 『내훈』 등에 나오는 제나라 전직자, 당나라 최현위 등의 어머니들이 벼슬하는 아들들에게 청렴을 당부했던 일화를 떠올리게 한다. 사임당의 셋째 아들 율곡은 언제 어디서나 의리에 부합하는 ‘청렴’을 주장하고 실행에 옮겼다. 그리고 막내아들 옥산(1542~1609)이 여러 고을의 현감을 지내면서도 백성들에게 조금도 의리와 청렴에 벗어나는 행동을 하지 않은 것도 어머니의 가르침에서 나온 것이다. 또한 율곡은 물론 자녀들이 모두 가난하여 끼니를 잇지 못했다는 것도 마찬가지여서 신사임당의 정신적 자산이 고스란히 자녀들의 학문과 삶으로 펼쳐진 것이라 할 수 있다.

마지막으로 신의와 청렴을 바탕으로 사회적 자아로서 국가에 '봉사(奉仕)'하기를 기대했던 것이 사임당이 꼽는 주요 교육철학이다. 곧 자신의 인격을 추스르면서 가정에서 어버이에게 효도하고 형제간의 우애를 지켜나가길 바라면서도 밖으로 나가 국가를 위해 좋은 일을 해야 한다고 가르쳤다. 어머니의 교육관에 따라 자녀들의 효성스러움은 말할 것도 없었고, 형우제공의 이념에 부합하게 자녀들 사이의 화목은 두터웠으며, 이들은 가정에 머무르지 않고 활동 영역을 국가사회로 확장해 나갈 수 있었다. 이는 곧 수기치인의 유학적 이념이요 가정과 사회를 아우르는 통합의 정신이라 할 수 있다. 사임당은 늘 학문과 인간, 교육과 실행, 가정과 국가 등이 조화되고 융합하는 단계를 목표로 삼고 자녀들에게 교육시켰다.

이상에서 알 수 있듯이 사임당이 생각한 학문 및 교육의 목적은 책 속에 담긴 바르고 깊은 뜻을 이해하고 실천하여 세상 사람들에게 도움을 주는 것이었다. 다시 말해 사임당의 교육관에 의하면 자녀(인간)는 학문을 하여 세상이 필요로 하는 사람이 되어야 한다. 그리고 이를 자녀 스스로 깨닫는 것이 중요하다고 판단했으며 이에 도달하는 데 필요한 내용이나 조건들을 사임당은 먼저 몸으로 보여주었다.

사임당은 일찍이 편애의 병폐를 깨닫고 항상 7남매에게 차별 없는 교육을 시키려고 노력하였다. 예컨대, 맏딸 매창은 학식과 인격뿐만 아니라 글씨, 그림, 바느질, 자수 등 소질과 취미에 이르기까지 어머니의 모습을 그대로 이어받았다. 특히 신사임당의 예술적 재주는 7남매 중에서도 맏딸에게로 전해졌는데[*] 불행히도 매화와 새를 소재로 한 그림 여섯 폭만 전하고 있다. 매창의 〈달과 매화〉는 신사임당의 작품에 준하는 평가를 받을 정도로 유명하다. 한편 매창은 출가해서도 집안일에만 빠지지 않고 국가 일을 걱정했는데, 이도 어머니의 교훈에 따른 것이다. 율곡이 국사를 수행하다가 어려움이 있을 때면 도와주었을[**] 뿐만 아니라 충청도 관찰사의 아내이기도 했던 그녀는 자녀들에게 늘 국가에 봉사할 것을 권유하였다. 지혜가 출중했던 매창이 지닌 이러한 드높은 융합적 세계는 어머니에게서 영향을 받은 것임이 틀림없다. 시인 이은상(1903~1982)이 매창을 가리켜 '작은 사임당'이라 한 것도 무리가 아니다. 이렇게 보면 신사임

[*] 매창의 둘째 아들인 조영도 글씨와 그림에 능했는데, 그가 그린 〈군산이우도〉(1593)는 조선 중기를 대표하는 그림 가운데 하나로 여겨지고 있다.

[**] 율곡이 북방의 군량미가 부족함을 걱정하자 매창이 우리나라 서자들에게 등용의 기회를 주지 않은 지 백 년이 넘었음을 지적하면서 울분에 가득 찬 이들로 하여금 곡식을 가져다 바치게 하고 대신 이들에게 벼슬길을 터주는 방안을 제시하여 율곡이 감탄했고 즉시 임금에게도 보고했다는 일화는 유명하다(정홍명의 『기암잡록』, 조대남(매창의 남편)의 묘표명, 이서의 서화첩 발문 등).

당을 중심으로 외할머니인 강릉 최씨와 어머니인 용인 이씨, 신사임당 자신 그리고 딸인 매창으로 이어지는 우리 역사상 독보적인 모계로 논의될 수 있다.

신사임당의 막내 아들 이우는 정3품의 관직에 머물렀지만 여러 곳의 현감을 지내면서 좋은 일을 많이 했다. 청렴하기로 소문난 이우는 임진왜란 때 51세로 괴산군수를 지내면서 장정들을 모아 왜군들과 싸웠고 전란 중에도 백성들이 굶지 않도록 선정을 베풀었기에 뒷날 선무원종훈이라는 표창을 받기도 했다. 이우는 어머니의 교육을 잘 받은 덕에 국가에 봉사하면서도 〈국화도〉 같은 그림을 비롯하여 글씨와 시와 음악에 뛰어난 재주를 보였다. 이우의 그림에 대한 이서(1662~1723)의 발문에 따르면 "그림의 품격이 조화를 뺏어 일찍 묵화로 풀벌레를 그려 길에다 던지자 뭇 닭이 한꺼번에 쪼았다."라고 하여 그림이 실물처럼 정교했다는 것인데 마치 신사임당의 일화를 연상케 하며, 이우가 초충도를 즐겨 그린 것도 어머니의 영향력을 짐작케 한다. 간결하고 정밀한 필체뿐만 아니라, 초충과 더불어 사군자 그리고 포도, 수박 등의 소재 선택에서도 어머니와 다르지 않았다. 이우의 〈수과초충도〉가 사임당의 〈수박〉과 비슷한 구도를 지닌 것과 자유분방한 필치에 이르기까지 어머니의 영향을 많이 받았다. 국화를 그린 〈묵국〉은 어머니의 수준을 능가한다는 작품이다.

또한 이우의 〈초서 귀거래사〉는 사임당의 〈초서 당시오절〉
과 필법, 점획, 짜임 등에서 거의 유사하다. 명종(1534~1567)이
일찍이 서예가 황기로(1521~1567)를 세상에 제일가는 초서의 성
인이라 했는데, 그 황기로가 이우의 초서를 칭찬한 바 있다. 송
시열도 옥산의 글씨는 정묘하고 웅건하여 용과 뱀이 날아오르는
것 같아 그 글씨를 얻은 자는 저 값진 보석보다 더 귀중히 여기
는 것이라고 이우의 필적을 높이 평가했다. 한편 송시열이 지은
이우의 묘갈문 등 기록에 의하면 이우는 거문고 연주의 대가이
기도 했다. 율곡이 자주 옥산으로 하여금 거문고를 타게 했는데
그 소리가 맑고 웅장하여 듣는 이들이 모두 감탄했다고 한다.

매창과 이우의 다양하고 출중한 예능적 재예를 볼 때 사임
당의 예술적 재능이 얼마나 탁월했는가를 가늠할 수 있다. 한편
둘째 아들 이번은 다섯 살 아래인 율곡의 안위를 걱정하여 그에
게 벼슬에서 물러나기를 권하는 글을 쓸 만큼 학식이 높고 인격
이 고상했던 것으로 전한다. 둘째 딸은 황해도 황주 윤섭에게
출가했고, 셋째 딸은 남양 홍씨 집에 출가했으나 27세 무렵 남
편이 세상을 떠나 고생스럽게 살았다고 전한다. 셋째 아들 율곡
은 별도로 다루고자 한다.

사임당은 부단한 수양을 통해 축적된 학문과 덕성으로 자

녀들을 바람직한 방향으로 교육시킴에 조금도 모자람이 없었다. 사임당은 자녀를 위해 일방적으로 희생하거나 자녀를 강제적으로 끌어가려 하지 않았다. 그녀는 부모가 먼저 학문과 독서를 통해 지적 토양을 갖춘 뒤 확실한 교육철학을 기반으로 올바르고 철저하게 자녀교육을 실행해야 한다는 소신이 있었다. 또한 교육철학을 공유하는 자녀와의 상호 노력에 의해서 교육의 효과를 기대할 수 있다는 믿음이 있었다. 무엇보다 부모로서 부지런히 바르게 사는 실천적 행동을 통해 자녀가 스스로 깨닫도록 하는 것이 자녀를 위한 참된 교육이라 생각했다.

근대 이후 국가적 주요 과제 중의 하나인 교육이 중시되면서 사임당은 교육가로서 크게 조명을 받게 되었다. 사임당이 율곡을 교육시킨 어머니로 근대사회에 처음으로 등장하게 되는 것은 1908년 언론인 장지연(1864~1921)이 지은 『여자독본』에서이다. 여기서 제시하는 여성상은 당연히 유교적 규범에 바탕을 둔 부덕을 갖춘 여성이 아니라 국가의 적극적인 구성원이자 그 구성원의 교육자로서의 지위를 강조하였다. 불행하게도 일제강점기 사임당은 인내와 희생의 현모양처라는 모습으로 식민지 교육의 중심에 서게 되었다.

사임당은 자녀들에게 자애로우면서도 엄격했고, 자녀들이 학습과 성찰을 통해 바로 서기를 요구하기에 앞서 자신의 삶부터 다스리고자 했다. 오늘날 '문제 학생은 없고 문제 부모가 있을 뿐'이라는 교육현장을 지적하는 조롱 섞인 말이 있다. 부모가 먼저 지적 탐구와 인격적 수양을 통해 건실한 교육철학을 갖고 실천해나가는 모습이 절실히 요구된다. 좀 더 존경받고 권위가 서는 스승 같은 부모로 어른스럽게 달라져야 한다. 여전히 어머니는 자녀교육의 미래를 책임지는 주역이 되어야 할 것이요. 사임당은 충분히 이에 길을 열어주는 역할을 하게 될 것이다. 지금도 신사임당에 대한 교육 관련 논문이 많은 걸 보면 21세기 자녀교육에도 신사임당이 희망을 줄 수 있다는 믿음을 갖게 한다.

6
율곡을 융합적 인물로 키우다

신사임당이 33세 되던 중종 32년(1536) 어느 봄날 꿈에 동해 바닷가에 이르니 선녀가 옥동자 하나를 안고 나와 부인의 품에 안겨주는 꿈을 꾸고 아기를 배었다. 그리고 나서 그해 겨울 새벽에 검은 용이 날아와 부인의 침실 문머리에 서려 있는 꿈을 꾸고 조금 뒤에 아기를 낳았다. 그가 바로 셋째 아들 율곡 이이(1536~1584)다. 그리하여 율곡을 낳은 방을 '몽룡실'이라 하고 어릴 때 이름을 '현룡'이라 했던 것이다. 율곡의 출생지는 오죽헌이지만 잉태는 봉평에서 했다고 한다. 즉 이원수가 용이 품에 안기는 꿈을 꾸고 봉평에 내려왔고 친정에 있던 사임당도 위에서와 같이 옥동자 꿈을 꾸고 곧바로 봉평 집으로 돌아왔는데 그날 바로 율곡을 임신했다는 것이다.

율곡은 신사임당의 뛰어난 감수성과 영험한 꿈과 더불어 신비롭게 탄생하였다. 율곡만큼 어머니의 영향을 받은 인물도 흔치 않을 것이다. 율곡은 어머니의 모든 면을 평생 존경하고 따랐다. 어머니가 원했던 대로 그는 조선의 위대한 학자요 실천하는 정치가가 되었다. 율곡의 모가 나 보일 정도로 강한 자존심, 예리한 비판적 사고, 총명하고 지혜로운 판단력, 숭고한 공동체적 정신, 지적이면서도 감성이 풍부한 융합적 인재형 등은 그대로 어머니를 닮은 것이다.

　　율곡이 효를 중시하고 실천한 점도 어머니를 그대로 따른 것이다. 사임당은 항상 자녀들에게 효를 실천할 것을 가르쳤고 스스로 충실하게 효를 행했기 때문이다. 앞서 말했듯이 사임당(당시 37세)이 몹시 몸이 아파 온 집안이 걱정에 잠겨 있을 때도 다섯 살 난 율곡이 혼자 외조부의 사당에 가서 기도하고 있었다. 아버지가 병석에서 일어나지 못하고 있을 때도 열두 살의 율곡은 손가락의 피를 내어 아버지의 입에 넣어주고 선조의 사당에 가 울면서 대신 죽기를 청했다. 열아홉 살 되던 해에는 어머니를 잃은 상실감을 이기지 못하고 율곡은 모친상을 마친 뒤 금강산에 들어갔다. 물론 입산 후 마하연에서 '의암(義庵)'이란 법명으로 불법의 오묘한 진리를 깨우치려 노력했으나 1년 만에 다시 유교를 찾아 하산했다. 율곡이 그때 머리를 깎고 출가했다가 환속했다는 설과 머리는 깎지 않고 참선과 불경만 공부하다가 돌아왔다는 두 가지 설이 있다. 수행하는 동안 머리를 깎지 않고 지냈음이 하산 즉시 만난 많은 사람들에 의해 확인되었지만, 한때 불교에 탐닉했던 율곡의 태도는 오랫동안 비난의 소재를 제공했다. 절에서 내려와 강릉 외가에 들어간 나이 스물의 율곡은 새로이 학문에 정진하는 가운데「자경문」을 지으면서 자신을 추슬렀다.

율곡은 일찍이 열여섯 살 때 어머니가 죽고 나서 아버지가 첩을 들였을 때도 분을 참고 그 계모를 정성을 다해 섬겼으며 심지어 고위직에 올라서도 계모를 극진히 대접하였다. 포악한 계모도 율곡의 효행에 감동받아 개과천선하고 자기보다 먼저 세상을 떠난 율곡의 삼년상이 끝날 때까지 소복을 입었다. 한편 율곡은 어머니 대신 외할머니에게 효성을 다하였다. 외할머니가 한양 수진방에 있는 기와집 한 채와 전답 등의 재산을 상속해줄 정도로 외조모가 돌아가신 후에는 율곡이 제사를 정성껏 지냈다.

특별히 스승 없이 율곡은 어려서부터 어머니에게 학문을 배우고 익혔다. 율곡이 서너 살이 되었을 때 사임당은 아들을 서당에 보내고 싶었으나 집이 가난하여 포기할 수밖에 없었다. 아버지 사랑을 모르고 자란 탓인지 율곡은 줄곧 어미 곁을 맴돌았고 놀아도 글씨를 쓰거나 그림을 그리면서 놀았다. 사랑채 툇마루에 물끄러미 앉아 생각에 잠겨 있을 때도 많았다.

어머니에게 학문을 배운 율곡은 3세 때부터 글을 깨쳤고, 4세 때 교재 문장에 대한 훈장의 잘못된 해석을 정정했으며, 7세 때는 유교 경전을 익히고 「진복창전」을 지을 만큼 영특했고, 9세 때 〈구세동거〉를 그려 집안사람들을 놀라게 했다. 12세 무렵에는 조광조의 직계 제자인 휴암 백인걸(1497~1579)의 문하에 들어가 공부한 적도 있다. 백인걸은 명종 2년(1547) 문정왕후와 이기 등의 패권을 비난하는 양재벽서 사건을 빌미로 소윤세력이 대윤의 잔존세력과 사림들을 재차 축출할 때 무고하게 황해도 연변으로 유배당했다. 율곡은 죄 없는 스승의 유배로 한때 방황해야 했다. 그러나 명종 3년(1548) 나란히 과장에 나갔던 세 형제 중에 13세 밖에 안 되는 자신만 처음으로 참가한 생원 진사 초시에 합격하였다. 20세에 「자경문」을 지어 모든 악은 혼자 있을 때 삼가지 못해서 생기는 것이며, 학문이란 죽은 뒤에야 그만두는 것이라는 각성을 하게 되었다. 23세부터 아홉 번이나 과거시험에 장원급제를 하여 '구도장원공(九度壯元公)'이라 불렸고, 29세부터 49세 세상을 떠날 때까지 대사헌, 대제학, 병조판서 등의 관직을 두루 거쳤다. 40세에 제왕학의 표본이라는 『성학집요』를 지어 학문의 방법을 제시했다. 42세에는 처가인 해주 석담으로 물러나 후진을 양성했고, 파주 율곡리에 내려가서도 학생들을 가르치면서 『격몽요결』을 지었다.

위에서 말했듯이 율곡은 과거시험에 아홉 차례나 장원급제했는데, 이는 조선왕조 5백 년 역사상 전무후무한 기록이다. 관직을 사양하고 평생 학문에만 전념했던 김창흡(1653~1722)은 「강릉오죽헌」이라는 시를 지어 "그 어머니였기에 그 아들 낳아 우리 학문에 그분 계심이 얼마나 다행이던고"(『삼연집』 권9)라고 한 바 있다. 율곡은 어머니의 가르침에 따라 '입지'를 굳게 하여 성공하였고 자신도 제자들을 가르치면서 "학문은 입지보다 앞서는 것이 없다."고 하였다. 학문을 시작하는 아이들을 위해 지은 『격몽요결』의 첫째 구절도 바로 입지에 관한 것이다. 일생을 살아가고 어떤 일을 행함에 있어 근본이 되는 마음가짐이자 삶의 목표를 정하는 입지의 중요성을 어머니가 그토록 일깨워주려 했던 만큼 율곡도 입지를 강조했다. 40세에 선조에게 올린 『성학집요』의 첫 부분이, "신이 살피건대 학문을 닦음에 있어 뜻을 세우는 것보다 앞서는 것이 없습니다. 뜻을 세우지 않고서 능히 공부를 이룬 이가 없습니다."라고 하여 입지로 시작되고 있음은 우연이 아니다. 놀랍게도 입지는 율곡의 모든 저서, 생애 전반을 통해 언급되고 있다.

율곡은 어머니에게 인간으로서 지녀야 하는 '의리(신의)'의 중요성을 배웠고 의리의 가치를 실현해 나가고자 노력했다. 의리는 가정에서부터 시행되어야 했다. 율곡은 아홉 살 때『이륜행실』속에 당나라 때 운주지방의 장공예(578~676)라는 사람이 등장하는 가족이 한 집에서 9대가 화목하게 살았다는 '구세동거(九世同居)' 고사를 읽고 감동을 받고 그림까지 그려 어머니에게 보여드린 바 있다. 또한 율곡은 맏형 선이 41세의 이른 나이에 죽자 형수 곽씨를 정성껏 모시고 조카들의 뒤를 알뜰히 돌보아주었다. 율곡이『격몽요결』에서 부부간의 의리를 언급한 것을 보더라도 사임당이 실천했던 부부간의 도리가 그대로 이어졌음을 알 수 있다. "남편은 온화하게 하되 의리로써 통제하고 아내는 양순하되 정의로서 받들어서 부부간에 예의와 공경을 잃지 않은 후에야 가사를 다스릴 수 있다."고 하였다. 앞에서도 말했지만 사임당 부부는 서로 경어를 써가며 예의를 잃지 않고 서로 존중하고 이해하려 했었다.

　의리의 구현은 가정에서 그치는 것이 아니었다. 율곡은 어디서 들었는지 어릴 때부터 도덕정치의 대명사인 정암 조광조를 스승으로 삼고 싶다며 흠모한 바 있다. 율곡이 그토록 주장하고 실천하고자 했던 선비적 이념이라 할 수 있는 의리는 앞에서도 논의한 바와 같이 남편이 불의와 결탁하려 했을 때 바로 잡아주려 했던 사임당의 강직한 사고의 영향이라 하겠다. 율곡은 이미 "군자는 도를 걱정하고 가난함을 걱정하지 말아야 한다."(『격몽요결』 거가장)고 했고, "의리가 이익을 이기면 치세가 되고 이익이 의리를 이기면 난세가 된다."(『성학집요』 안민장)고 했다. 이러한 율곡이 강조하는 '도'와 '의'의 덕목은 바로 외할아버지로부터 영향을 받은 어머니가 늘 심중에 지녀왔던 선비정신의 핵심 가치인 의리의 재현이었던 것이다. 나라를 위기에서 구하고자 끊임없이 '경장(개혁)'을 호소해왔던 율곡은 선조에게 "임금이 의리를 중히 여기면 의리가 잇속을 이기고, 임금이 잇속을 중히 여기면 잇속이 의리를 이긴다."(『성학집요』 안민장)고 쓴 소리를 했다.

1만 자가 넘는 상소문 「만언봉사」에서는 "오늘날 전하께서 얼마나 덕을 잃으셨기에 나라의 형세가 이처럼 위급하게 되었습니까?"라고 의리를 잃은 선조를 닦아세우기도 했다. 율곡은 의리를 내세워 임진왜란을 대비해야 한다고 직언했다가 파직도 당해야 했다. 율곡이 이처럼 의리를 내세우며 임금 앞에 나아가 직언을 했던 것도 돌발적이라 할 수 없다. 어릴 적부터 어머니에게서 배운 믿음과 의리 즉 신의의 가치를 현실사회에서 구현하는 것이었다. 율곡은 요직을 두루 거치면서도 백성이나 임금에게 신의를 저버린 적이 없다. 옳다고 믿는 것을 굽히지 않고 밀고 나가는 소신이 있어 그는 말년에 정계를 떠나야 했다.

벼슬을 그만두고 물러나서도 신의를 으뜸으로 여기는 태도
에는 변함이 없었다. 제자 이유경이 다음과 같은 일화를 전하고
있다. 율곡이 처가가 있는 해주 석담에 기거할 때 식량이 떨어져
한 끼밖에 먹지 못하고 있자 친구인 재령군수 최립(1539~1612)
이 쌀 한 말을 보내주었다. 율곡은 "우리나라 수령은 나라의 곡
식이 아니면 다른 물건이 없다. ······만일 자기 집 물건으로 급함
을 막기 위해 보내주면 어찌 받지 않을 리가 있겠는가?"라며 되
돌려보냈다. 죽기 전 병의 증세가 위중하여 몸을 가누지 못하고
자꾸 어디에 기대려고 하자 제자가 자신의 몸에 기대기를 청하
니, 율곡은 "내가 하고 싶지 않은 일은 남에게 시키는 것을 원치
않는다."면서 따르지 않았다. 율곡은 비록 불편할지라도 잠시도
믿음과 의리를 내려놓지 않는 꼿꼿함을 보였다.

이와 같은 의리의 실천은 '청렴'한 삶과 불가분의 관계에
있다. 벼슬아치가 되어서 청렴을 덕행의 근본으로 삼았던 율곡
이었기에 우리 역사에 대표적인 청백리로 남게 되었다는 사실
을 잊을 수 없다. 율곡은 29세부터 49세까지 조정의 요직을 두
루 거쳤으나 가난하여 죽도 못 끓일 정도의 생활을 했으니 율곡
의 청렴함은 지극했다고 할 수 있다. 퇴직 후에는 대장간을 경
영하면서 호미를 팔아 식솔들을 챙겼으며, 현 장관급의 판서로
죽으면서도 한양에 변변한 집 한 칸 마련하지 못해 대사동(현

인사동) 셋집에서 세상과 결별해야 했다. 대제학을 지낸 이정구 (1564~1635)가 임금에게 율곡의 시호를 내려줄 것을 건의하는 글에서 율곡이 운명한 뒤에 집에는 곡식 한 섬 남아 있지 않았고, 수의도 없어 옷을 빌려다가 염을 하였다고 밝혔다.

신사임당의 정직하고 고결한 성품과 겸손하고 청빈한 삶은 자식들에게 그대로 이어졌다. 사임당은 공자의 "부귀는 누구나 원하는 것이지만 정상적인 방법으로 얻는 것이 아니면 그것이 아무리 귀하고 높은 것이라도 뜬구름과 같다."(『논어집주』)는 말을 인용하며 가르쳤기 때문이다. 기회 있을 때마다 세상 잇속이 아닌 의리와 청렴을 강조했던 어머니의 교훈은 자녀들의 가슴에 깊이 새겨졌다. 일찍이 율곡이 서당에서 돌아와 "1등을 했어요"라고 자랑하자 사임당은 크게 꾸짖었고, 13세에 진사시에 장원급제하고 돌아오자, 아직 때가 되지 않았는데 과거시험을 보아 학식을 자랑했다며 꾸짖었다. "집안에 엄한 군주가 계시니 바로 부모이다."라는 『주역』의 구절을 떠올리듯 신사임당의 의리와 청렴을 핵심으로 하는 참다운 교육은 율곡의 정신과 삶에 오롯이 영향을 미쳤다.

어머니의 생각이나 가르침과 마찬가지로 유학자에게는 자신을 바로 세우는 수기뿐만 아니라 사회에 '봉사'해야 하는 치인도 중요했다. 율곡은 과거 공부를 좋아하지 않았으나 벼슬을 통해 그 큰 뜻을 펴기 위해 아홉 번이나 과거를 보았다. 그리고 29세에 대과에 장원급제하면서 호조좌랑에 임명되어 첫 벼슬길에 오르게 된 이후 맑은 마음으로 벼슬을 사양하던 율곡이 선조의 계속되는 부탁을 거절할 수 없어 관직을 맡았던 것은 국가에 봉사해야 하는 유교정신을 배척할 수 없었기 때문이다. 정치에 참여하면서 가슴에 간직하고 있던 이상을 펼쳐 보이는 것은 지식인의 시대적 소명이요 당연한 의무였던 것이다.

그러나 세상을 바꾸는 데 뜻을 두었던 율곡은 벼슬길에서 실망과 환멸만 남긴 채 선조의 전폭적인 신임에도 불구하고 48세에 완전히 물러나게 되었다. 그 후 심신에 병이 깊어져 선조 17년(1584)에 세상을 떠나고 말았다. 율곡의 부음이 전해지자 선조는 울음소리가 밖에까지 들리도록 애통해하였으며 수라상에 고기를 올리지 못하게 하고 3일 동안 조회를 열지 않았다. 오래 살지 못하고 49세가 되는 해 1월에 죽었으니 가까스로 48년을 살고 간 셈인데, 이렇게 세상을 마감한 것도 48세밖에 살지 못한 어머니와 비슷하다. 율곡은 정실 아들은 없고 서자만 둘을 두었다. 율곡의 학문과 덕행을 추모하기 위해 세운 자운서원 뒤편에 묘가 있고, 8킬로미터 떨어진 곳에 율곡이 벼슬을 사양하고 물러나 제자들과 시와 학문을 논했던 화석정이 있다. 이 화석정은 율곡의 5대조인 이명신이 지은 정자다.

동향의 친구인 성혼은 "산과 물의 기상을 얻었으니, 실로 율곡은 다시없는 큰 인물이었다."고 한 바 있다. 율곡은 어지러운 세상을 살면서 자연과 인간, 이상과 현실, 이론과 실천, 자아와 타자 등의 조화와 융합을 추구하였다. 이는 기본적으로 그가 생각하고 있던, 이와 기는 다른 것이지만 하나로 만나지 않으면 안 되고, 더구나 이와 기가 어느 한쪽에 치우치지 않고 균형을 이루게 된다는 통합의 논리에서 비롯되었다.

가정적으로 가족 모두가 한 집에 모여 살기를 바랐던 율곡은 사회적으로 서로 공존하는 삶을 이상적으로 여겼다. 자신의 꿈과 목표의 실현을 위해 때로는 정치가로서, 또 때로는 학자로서 마음과 몸을 다하였다. 율곡이 29세이던 명종 19년(1564) 문과에 장원급제하면서 벼슬길에 나아가게 되었는데, 이때 '천도책'이라는 과거시험 제목을 받고 '천인합일설'을 주장한 것도 중요한 의미를 지닌다. 자율적인 입산 수도가 그의 사상에 커다란 전환점이자 성리학을 대성하는 밑거름이 되었듯이 불교를 포용하는 유학자의 모습에서는 학문적 통합성을 인식케 한다. 「경포대부」에서 장자가 나비의 꿈을 꾼 이야기를 하면서 동시에 선비의 길은 조정에 나아가는 것임을 말하는 것도 마찬가지다.

무엇보다 율곡은 학문이 현실과 괴리 현상을 보이던 당시 상황에서 이를 넘어서고자 하는 인식과 행동을 보여주었다. 유학적 전통에서는 학문의 뒤안길에서 자신을 연마했으면 그다음에는 정치 일선에서 벼슬을 하는 것이 자연스러운 행보이다. 수기 다음으로 치인이요, 수신제가하고 나면 치국평천하해야 하는 것이 유학이 제시하는 이상적인 삶의 목표이다. 율곡은 개인의 수양과 국가의 통치를 전혀 다른 차원으로 보는 이상한 풍조를 직시한 것이다.

율곡은 항상 주체적인 입장에서 대상을 두고 한쪽에 치우치지 않고 큰 틀에서 보면서 한 단계 끌어올릴 수 있는 중용의 도를 이루려는 노력을 아끼지 않았다. 율곡이 47세로 병조판서가 되었을 때 궁중을 지키던 이순신(1545~1598)을 도승지 유성룡(1542~1607)에게 소개하였고, 그 후 유성룡은 정읍현감 이순신을 일곱 계단이나 올려 전라좌수사로 앉혔던 것은 잘 알려진 일이다. 무엇보다 통념을 뛰어넘어 육군을 해군 장수로 바꾸는 획기적인 인사였다. 국가를 위하는 데는 문인이나 무인이 따로 일 수 없다. 결국 이순신으로 하여금 국가적 위기를 막아내도록 한 것은 율곡의 융합적 지혜에서 시작되었다.

율곡은 과로로 병이 깊어져 49세가 되던 해 정월부터 일어나지도 못하는 상황에 이르렀는데, 병석에 있는 위중한 몸으로도 국사를 걱정하였다. 죽기 하루 전에도 의주목사 시절 탄핵받은 자신을 변호하다가 파직되었던 서익(1542~1587)이 북방을

순찰하는 임무를 띠고 떠난다 하자 주위의 만류에도 불구하고 「육조방략」을 지어준 후 혼수상태에 빠졌다. 죽을 때까지 개인의 안일보다 공공의 이익을 생각했던 율곡의 생애를 간과할 수 없다. 모든 율곡의 학문과 실천, 생애와 사상 등에서 보여주는 정당하고 진보적인 융합의 정신은 어머니가 지녔던 고귀한 융합의 자산에서 나왔다고 할 수 있다.

율곡은 스스로도 자신을 성숙시켜나갔지만 원천적으로 율곡을 큰 인물로 만든 것은 어머니였다. 송시열(1607~1689)의 제자이자 김만중(1637~1692)의 조카로서 예술적 재능이 있었던 김진규(1658~1716)는 숙종 35년(1709) 「사임당초충도 발문」에서 "내가 들으니 부인은 시에도 밝고 예법에도 익어 율곡 선생의 어진 덕도 실상은 그 어머니의 태교로 된 것이다."(『죽천집』 권6)라고 했다. 율곡의 모든 것을 어머니와 철저히 연관시키고 있다.

만일 그토록 학덕이 높은 어머니를 만나지 못했다면 율곡의 존재가 가능할까. 사임당의 고결한 인품과 심오한 학문 등이 고스란히 율곡의 명성으로 이어졌다. 율곡에게 사임당은 어머니로서의 의미 그 이상이었다. 이렇듯 사임당의 존재와 가치는 적어도 율곡과 대등한 관계에 놓이게 되는데, 당시 조선의 여성들이 자신의 능력과 무관하게 그 아들의 출세 여부에 따라 공적으로 평가받을 수 있었던 것과 차별화되지 않은 점은 아쉽다. 1934년 1월호 『신가정』에서는 '조선사상 10대 여성'을 선정 발표했는데 당당히 신사임당이 1위로 뽑혔다. 이때도 '율곡 모친 사임당'으로 이름이 올랐다.

그런데 요즘 신사임당의 주체적 모습이 부상하면서 '율곡의 어머니'로 부르는 것에 대해 부정적 견해를 보이고 있어 안타깝기도 하다. 아무리 여성의 주체적 삶이 가치 있고 그것을 강조한다고 하더라도 자녀교육의 책임을 다하는 어머니의 위상은 결코 훼손될 수 없기 때문이다. 오히려 오늘날 자녀교육에 최선을 다하지 못하는 분주한 현대인의 삶을 되돌아보아야 하는 것은 아닌가 한다. 결국 어느 쪽으로든 한쪽으로 치우치는 견해는 진실에서 멀어지며 설득력을 얻기 힘들다. 우리 역사 속에서 보기 드물게 사임당은 융합적 가치 지향의 길을 갔던 주체적인 여성이면서 자식을 융합적 인물로 키워낸 위대한 어머니이다.

세계사에 어머니와 아들이 국가의 역사와 문화를 상징하는 화폐의 주인공이 된 경우는 우리나라밖에 없을 텐데, 근원적으로는 아들을 잘 가르친 사임당의 덕이라 해야 할 것이다.

7
조선의 여성 예술가가 되다

　우리 역사상 여성 예술가는 흔치 않은 편이다. 기생을 제외하면 손에 꼽을 정도로 적다. 예술 방면에 소질이 있다 하더라도 그 재주를 지속적으로 익혀가며 세상에 드러내기는 쉽지 않았다. 그렇게 재능을 지닌 예술가의 등장이 힘들었던 것은 물론 시대적 사회적 환경의 제약 때문이다. 조선 제일의 학자였던 이황(1501~1570)이 『규중요람』에서 주장했던 것처럼 글을 읽고 시를 짓는 것은 남성의 일이지 여성의 일은 아닌 것으로 간주되어왔다. 예술적 창조는 무엇보다 자유로운 삶과 의식을 요구한다. 따라서 성리학적 질서 속의 이름 있는 사대부가의 여성이었던 사임당이 예술을 했다는 데 주목하지 않을 수 없다.

　사임당이 태어나고 자란 곳을 보면 예술가의 탄생이 자연스럽게 느껴진다. 그녀를 낳고 기른 고향 산천의 아름다움은 그림과 같았다. 수려한 자연은 사임당에게 많은 영감을 불어넣어주었음에 틀림없다. 조선 초기 관료와 학자로서 많은 업적을 남긴 서거정(1420~1488)이 "천하에서 강릉의 경치가 최고"라고 했고, 조선 후기 인문지리학자로 이름을 떨쳤던 이중환(1690~1756)이 강릉을 두고 "경치가 나라 안에서 실상 제일이다."라고 한 바 있다. 서쪽에는 태백산맥의 관문인 대관령이 병풍처럼 둘러 있고, 동쪽으로는 푸르른 동해가 끝없이 펼쳐져 있다. 그리고 집 가까이 경포호수를 끼고 있다. 강릉에서도 가장 대표적인 명소가 바로 오죽헌이다. 사임당은 어릴 때부터 자연에서 오는 미적 감수성과 순수한 의식이 몸에 배었을 것이다. 그녀의 인생은 자연의 일부였고 자연친화적인 생활은 예술과 하나가 되었다. 사임당은 동양의 천인합일의 융합적 예술정신을 누구보다 적절히 구현할 수 있었다.

신사임당은 한국 최고의 여성 예술가라는 평을 받는다. 사임당의 아버지가 사윗감을 고를 때의 최대 관심사가 '딸의 예술가로서의 길을 최대한 보장해줄 수 있는 사람이 누구일까?'였다는 것도 그녀의 예술가로서의 자질을 짐작케 한다. 타고난 성정이 순수하고 아름다웠을 뿐만 아니라 그녀에게는 탁월한 재주와 천재적인 예술혼이 있었다. 5세 때부터 글을 배우고 7세 때부터 그림 공부를 시작하여 10세가 넘었을 때는 글에 있어서나 그림에 있어서나 이미 일가를 이룰 정도였다. 딸의 영특함을 누구보다 잘 알았던 아버지는 보통 여아들에게는 가르치지 않는 한문과 고전을 가르치기도 했다. 무엇보다 사임당 스스로 결혼을 이유로 자신의 재능을 희생시키지 않았다. 육아와 가사에 여념이 없으면서도 꾸준히 독서를 하고 쉬지 않고 예술 행위를 펼쳐나갔다.

예로부터 시·서·화에 뛰어난 사람을 '삼절'이라 했는데, 이 '삼절'이라는 말은 예능에 조예가 있었던 당나라 현종(685~762)이 이백이나 두보 등과 사귀던 정건(705~764)의 시와 글씨와 그림이 절묘하다며 극찬하는 가운데 '정건삼절'이라는 칭호를 내려준 것에서 본격적으로 사용되기 시작했다. 사임당은 선비들의 이상이었던 시·서·화 모두에 뛰어나 조선시대 최초의 삼절로 일컬어질 만큼 여성으로서는 극히 이례적으로 다방면의 수준 높은 작품을 많이 남긴 예술가였다. 미술사학자인 최순우(1916~1984)는 오죽헌·강릉시립박물관에 소장된 〈수박과 석죽화〉의 발문에서 "사임당은 여성으로서는 드물게 보는 재능을 시서화에서 발휘한 사대부 출신의 여성 지식인이었다."고 말했다.

율곡이 지은 어머니 행장에 따르면 신사임당은 어려서부

터 경전에 익숙하고 글도 잘 지었을 뿐만 아니라 명필의 반열에 오를 정도로 글씨에도 재능을 보였으며 그림에 있어서는 남다른 재주를 발휘하였다. 게다가 총명하여 바느질과 자수에 이르기까지 능숙하고 정밀하지 않은 것이 거의 없었다. 아마도 사임당에게는 태생적으로 미학적 자아실현 욕구가 강렬했던 것은 아닐까.

앞에서도 어머니를 잊지 못하여 지은 작품을 보았듯이 사임당은 시를 잘 지었다. 「어머니를 그리워하다(思親)」라는 작품의 전반부가 "첩첩산중 내 고향은 천리련마는/자나깨나 꿈속에서도 돌아가고파/한송정 가에는 외로이 뜬 달/경포대 앞에는 한 줄기 바람이네"이다. 조선말기 정승을 지낸 신응조(1804~1858)가 이 시를 두고 평가했던 말을 들어볼 필요가 있다. 그는 "모든 예법을 지니고 제사를 받든 뒤의 남은 힘과 음식하고 베 짜는 겨를을 타서 붓을 들고 생물을 본떠 자연에서 출발하여 그 묘한 솜씨를 움직여본 것이니 부녀자의 역사에 실어 뒷세상에 전함으로써 과연 천고에 비칠 만하다."고 했다. 바쁜 일상생활 속에서도 시적 욕구와 재능을 발휘하여 신묘한 경지에 이르렀다는 높은 평가이다. 기본적으로 사임당은 한자로 된 문학서들을 쉽게 이해하였고, 그런 식견을 바탕으로 멋진 한시를 지어 사람들을 놀라게 하였다. 이 시에 대해 시인 이은상

(1903~1982)은 "그 그리움의 냄새를 긴긴 밤마다 읊조리며 어머니 그리운 마음을 달래었을 것이다. 그리움의 시어들은 언제나 아름다운 눈물이다."라고까지 감회를 적은 바 있다. 한편 그녀가 남긴 세 편의 시에 대해 학자 이은식은 "그저 단순한 아녀자의 넋두리가 아니라 청초한 시격을 지니고 있어 매력적이다."라고 말하기도 했다.

사임당이 그린 〈꽈리와 잠자리〉에 막내아들 이우의 8대손에 해당하는 이서의 발문이 붙어 있는데, "슬프구나! 사임당의 그 많은 시들은 흩어져 전하지 아니하고 다만 절구 몇 편만이 있을 뿐이다."라고 적고 있다. 사임당의 시가 많았음을 확인케 하는 사례다. 유교문명권에서 사표로 상징되는 중국의 후 부인과 사임당을 자주 비교들 해왔는데, 북송을 대표하는 유학자인 정호·정이의 어머니인 후 부인은 유교질서에 충실하기 위해 직접 글을 짓지 않았던 점을 보더라도 사임당은 한 걸음 나아갔다고 할 수 있다. 율곡의 제자로 조선 예학의 태두였던 김장생(1548~1631)은 "사임당의 경우 시에 밝아서 옛 여범에 대하여 모르는 것이 없었다."고 스승의 행장에서 기록하고 있다. 사임당이 시에 조예가 깊었음을 알 수 있고, 그녀의 시는 대체로 깊은 의미와 섬세한 정서를 잘 담아내는 특징이 있는 것으로 평가되고 있다.

한편 사임당은 좋아하는 글만 있으면 그것을 옮겨 쓰는 서예에 기량을 보였다. 다만 지금 전하는 것은 가장 많은 몇 점의 초서와 해행서 한 점과 전서 몇 글자가 전부인데 이렇게 필적이 남아서 평가되는 것만으로도 대단한 일이다. 오죽헌·강릉시립박물관에 '초서 6폭', 대전시립박물관에 '초서 8폭'의 병풍이 있고, 국립중앙박물관에 산수화 2폭의 시제로 쓴 '초서 2편'이 있다. 서예가 선주선(1953~)은 사임당의 작품을 두고 "대표적인 서예작품으로는 초서 여섯 폭, 해서 한 폭이 전하는데, 조맹부의 서체로 단아한 풍모를 느끼게 된다."고 했다. 서예가 김충현(1921~2006)은 사임당의 서체를 왕희지체로 보았고, 서예가 이완우(1957~)는 사임당이 깔끔한 필획과 짜임으로 단아한 서풍을 제대로 보여준다고 했다. 백광훈, 한석봉 등 후학들이 사임당의 독특한 서체의 풍격에 따라 '사임당서파'라는 명칭까지 쓸 정도로 조선시대 여러 서체를 섭렵하고 자신의 서체를 완성한 여성서예가는 사임당이 유일하다고 할 수 있다.

사임당의 '초서 6폭' 병풍은 당시(唐詩) 오언절구를 초서로 쓴 것을 여섯 폭 병풍으로 만든 것이다. 영조 때 와서 후손들의 실수로 자칫 잃어버릴 수도 있었던 그녀의 초서 글씨는 당시 강릉부사로 부임한 이형규(1733~1789)에 의해 병풍으로 복원되었다. 고종 5년(1868)에 윤종의(1805~1887)는 강릉부사로 가서 신사임당의 '초서 6폭' 병풍의 글씨를 판목에 새겨 오죽헌에 보관하면서 "과연 그 필적에 있어서는 정성들여 그은 획이 그윽하고 고상하고 정결하고 고요하여…… 우러러볼 수 있다."고 발문을 적어 넣었다. 윤종의는 사임당의 필적이 병풍으로 보존되다가 사라질 것을 염려해 판각하여 영원히 후세에 남기고자 했던 것이다. 조선 말의 학자 윤종섭(1791~1870)은 윤종의가 판각한 것을 자신에게 한 벌 보냈으므로 공경하는 마음으로 판각에 시를 지어 사임당의 필적을 칭송한 바 있다. 즉 사임당의 초서에 대해 "신묘한 초서 글씨 등꽃처럼 예스럽고/구름같이 체를 변해 붓 솜씨 찬란하네."라고 높이 평가하였다. 김창흡(1653~1722)은 시를 지어 "책상 위엔 '요결(要訣)' 초고 아직도 남아/획마다 맑은 정신 배어들었네"라고 한 바 있다.

전하고 있는 해행서 작품 한 폭은 해서 위주로 쓰면서 행서를 가미한 것이다. 이 서체는 왕희지(307~365)체를 중심으로 당시 조선 전기를 풍미했던 조맹부(1254~1322)의 서체를 따른 것이다. 따라서 힘이 있고 부드러운 것이 특징이다. 사임당의 전서는 비단 바탕에 먹으로 쓴 보(保), 안(安), 흔(昕), 여(與), 리(履), 귀(貴), 춘(春)의 일곱 자이다. 전서는 문자학의 소양 없이는 쓰기 힘들다고 하는데, 그녀의 전서는 일정한 굵기의 필치가 뿜어내는 적절한 균제미와 더불어 부드러운 곡선을 자랑하는 여성 특유의 섬세함이 잘 드러난다.

사임당은 훌륭한 경구나 문장을 보면 그것을 정갈하게 해서체로 옮겨 매력적인 작품으로 만들었다. 그리고 당송의 시들을 읽으면서 뽑아낸 좋은 작품들은 초서체로 간략하고 우아하게 써내려갔다. 아버지가 좋아하던 시도 글씨로 써서 아름답게 족자를 만들었다. 그녀는 여러 서체 가운데 유난히 해서체와 초서체를 좋아했다. 독서를 많이 하는 가운데 경학이나 문학에 각별히 관심이 컸던 사임당은 글씨를 통해서 자신의 예술적 수준을 한 차원 높여나갔다. 한 획, 한 글자 정성을 다해 쓰면서 자신이 바라는 '선비'의 단계에 다가서고자 했을 그녀의 예술혼을 느끼게 된다.

신사임당은 시나 글씨 어느 쪽에서도 부족함이 없을 정도로 능력이 뛰어났으나 자기를 과시하거나 자랑하지 않는 성품이어서 안타깝게도 전하지 않는 작품도 많다. 사임당의 시나 글씨를 통해 그녀가 얼마나 인생의 참된 목표에 도달하기 위해 진정으로 자신을 성찰하고 수양했는가를 우리는 엿볼 수 있다. 자신만의 고유의 정서를 표현할 수 있는 시나 자신만의 개성 있는 글자를 만들어가는 서예야말로 상호 관계를 핵심으로 하는 동양적 사고가 빚어내는 조화와 융합 지향의 창조적 행위라 해야할 것이다.

사임당을 거론할 때 가장 중요하게 다루어지는 것은 그림이다. 다만 사임당의 그림에 관련된 이해를 크게 '예술적'인 경우와 '총체적'인 경우로 나눠볼 수 있다. 말하자면 '예술적' 이해에서처럼 그녀는 동시대 전문가들에 의해 그림에 뛰어난 재주를 가진 인물로 기록되었거나 현존하는 많은 그림들에 신사임당의 그림이라는 발문(작품에 대한 감상평)이 적혀 있으므로 우리는 온당하게 그녀를 여류화가로 부를 수 있는 것이다. 하지만 '총체적' 이해에서처럼 대부분 17세기 이후 정치적 목적에 따라 율곡의 어머니에 비중을 두어 쓴 발문의 경우 사임당의 예술적 가치와 위상에 대한 올바른 판단을 흐리게 할 가능성이 있다.

16세기 사임당과 동시대에 활동했던 시인 소세양(1488~1562)은 사임당의 산수화 족자에 붙인 시에서 붓 솜씨의 신묘함을 칭송하였다. 그리고 율곡은 "어머니는 그림 솜씨가 비범하여 일곱 살 때부터 안견의 그림을 모방하여 산수화를 그렸는데 매우 정밀하였다. 특히 포도를 그리면 모두 진짜 같다고들 했는데, 병풍과 족자의 형태로 세상에 많이 전하고 있다."고 사임당 행장에 적었다. 사임당이 산수화와 묵포도도의 대가였음을 뒷받침하는 증거가 될 수 있다. 역시 신사임당과 동시대를 살았던 대학자 어숙권도 『패관잡기』에서 사임당 행장에 나오는 것과 비슷한 말을 했는데, "그녀의 산수화와 포도 그림은 매우 뛰어나 사람들은 그녀의 그림이 안견에 버금간다고 말한다."며 세간의 분위기를 전하였다. 사임당이 세종(1397~1450)조의 가장 뛰어난 화원이자 15세기 제일의 화원이었던 안견과 비견되었다는 점에서 그녀의 회화사적 위상을 가늠할 수 있다. 또한 그녀의 화가로서의 출발과 더불어 대표적인 그림이 산수화이며, 동양 유교문화권에서 유행하던 문인화 가운데 하나인 포도 그림을 그녀가 잘 그렸다는 점도 확인하게 된다. 요컨대 율곡이 성장하여 유명해지기 전에 사임당은 화가로서 명성이 있었음을 간과해서는 안 될 것이다.

이와 같이 사임당은 시를 잘 짓고 서예 능력이 뛰어났으며 그림 방면에 두각을 나타내는 등 예술 분야에 절묘한 솜씨를 발휘했다. 우암 송시열(1607~1689)은 사임당이 율곡을 낳을 만한 이유를 들면서 그녀의 시문, 서예, 그림 등에 찬사를 보낸 바 있다. 사임당은 자수에도 뛰어나 수없이 많은 작품을 제작했을 것이나 전하는 것은 부산 동아대학교 박물관에 소장된 비단에 수놓은 여덟 폭의 병풍인 〈초충도수병〉 하나라 한다. 그녀의 자수는 우리나라의 전통적인 방식인 꼰 실을 사용하여 수를 놓음으로써 올이 굵어 약간 거칠어 보이는 특징이 있다.

8
최고의 여류화가로 평가받다

───────

　우리가 사임당을 한국 여성사에서 경이로울 만큼 위대한
존재로 인식해야 하는 충분한 이유가 있다. 유교적 명분과 규범
이 펄펄 살아 있는 조선의 열악한 환경에서 사대부 집안의 여성
으로서 예술적 재능을 펼쳐 보이고 예능 분야 중에서도 제한이
많이 따르는 미술을 선택하여 많은 수작을 남겼기 때문이다. 신
사임당의 작품 가운데는 여전히 검증 중에 있는 것이 있으나 이
미 여러 차례 검증과 평가가 내려진 것도 많다.

　신사임당은 여러 예술 분야에 우수한 자질이 있었는데 무
엇보다 그림에서는 발군의 실력을 보였다. 미술에 대한 사회
적 이해는커녕 화가라는 존재 자체가 낯설기 그지없었던 시대
에 그녀의 위상은 만만치 않았다. 예술 중에서도 문학이나 음악

에 비해 유난히 그림에 대한 여성의 관심과 역량을 논하기에는 턱없이 여의치 못한 상황이었다. 어쩌면 그림 그리는 것을 직업으로 하는 사람을 얕잡아 '환쟁이'라고 했듯이 예전부터 사대부들조차 그림 그리는 일을 하찮게 생각해온 까닭일 것이다. 우리나라 최초의 여성 서양화가로 유명한 나혜석(1896~1948)마저도 「회화와 조선 여성」에서 "시 짓는 부인이나 글씨 쓰는 여자는 더러 있어도 채색 붓을 들어 화폭을 향하여 앉는 부인은 한 사람도 없었는가 하는 애석한 생각이 가슴에 떠돌 때가 많습니다."(『동아일보』 1921.2.26)라고 탄식했던 것을 감안하면 16세기 여성 화가로서의 신사임당은 독보적 존재라 할 수 있다.

사실 조선의 지식인들이 신사임당의 존재를 처음 알게 된 것도 그녀가 산수화를 잘 그린 화가였기 때문이었다. 동양에서의 산수화는 자연 자체의 묘사인 동시에 인간이 자연에 대해 지니고 있는 관점의 반영이기도 하므로 복합적인 성격을 띤다. 게다가 사임당의 그림에는 사람됨이 잘 묻어난다고 하는 만큼 그녀의 인격과 산수 그림은 불가분의 관계라고 할 수 있다. 그녀의 고상한 인품은 물론 부모로부터의 수혜에 자신의 노력이 더해진 것이겠지만, 거기에 그녀가 처했던 자연환경의 영향이 컸다. 앞서도 말했듯이 신사임당이 태어나고 자라던 강릉 지방은 하늘과 바다와 꽃과 풀 등 산수 경관이 모두 아름답다. 동서 사방으로 이어지는 거대한 대관령, 드넓은 동해바다, 한적한 경포 호수가 강릉의 상징처럼 여겨진다. 떠나가는 배를 연상하게 하는 강릉은 우리의 감성을 한껏 끌어당기는 낭만의 장소이다. 그 지역에는 포도나 수박, 배, 감귤, 오이도 많이 난다. 이렇게 사임당에게는 산수화가 탄생할 만한 행운이 따랐다.

어머니 서찰을 통해 사임당이 그림에 소질이 있다는 것을 듣고 아버지가 한양에서 물감, 종이, 붓이 든 꾸러미를 사들고 안견의 산수화 한 점을 구해다 주며 따라 그려보도록 했다. 안견은 조선 초기 산수화에 가장 강력한 영향력을 미쳤던 화가로서 화원이 오를 수 없었던 종6품의 제한을 최초로 깨고 승진하는 사례를 남긴 인물이다. 사임당은 일곱 살 때 처음으로 물감을 만져보며 쉽게 구하기 어려웠을 그 위대한 화가의 작품을 보고 그림을 배우기 시작했다. 그리하여 신사임당의 산수화에서는 안견의 화풍이라 할 수 있는 가늘고 뾰족한 붓이 끌듯이 이어가는 필묵법을 잘 느끼게 해준다.

사임당이 산수화를 통해서 역사적 인물로 처음 등장하게 되었던 만큼 산수화가 갖는 의미는 크다. 글씨와 시문으로 중국에까지 이름을 떨쳤던 동시대의 유명한 예술가 소세양은 신사임당이 45세(1548)에 그렸다고 하는 산수화 족자에 자신이 지은 시를 붙여 넣었다. 『양곡집』(권10)에 나오는 소세양의 시는 그림 속의 풍경을 상세하게 사실적으로 표현한 다음 산수화에 대한 독특한 찬사로 끝을 맺고 있다.

시냇물 굽이굽이 산은 첩첩 둘려 있고	百折溪流千疊山
바위 곁에 늙은 나무 감돌아 길이 났네	岩廻木老路紆盤
숲에는 아지랑이 자욱히 끼었는데	樹林霧靄空濛裡
돛대는 구름 밖에 뷀락말락 하는구나	帆影煙雲滅沒間
해 질 녘에 도인 하나 나무 다리 지나가고	落日板橋仙客過
막 속에선 늙은 중이 한가로이 바둑 두네	圍棊松屋野僧閑
꽃다운 그 마음은 신과 함께 열렸나니	芳心自與神爲契
묘한 생각 맑은 자취 따라 잡기 어려워라	妙思奇蹤未易攀

위 시는 소세양의 나이 63세 때 지은 것이요. 이때는 사임당이 세상을 하직하기 3년 전이었다. 위 작품의 대상이 되었던 그림의 내용으로 사임당의 의식 세계를 이해하기에 부족함이 없다. 물과 산, 바위와 나무, 숲과 아지랑이, 돛대와 구름, 석양과 다리 등의 소재들은 참으로 다양하면서도 직조적인 느낌을 준다. 그리고 이런 자연을 배경으로 삽입되는 도교의 신선과 불가의 노승의 모습은 유학적 사고에 갇히지 않는 산수화의 개방적인 분위기를 고조시킨다. 마침내 7~8행에서 알 수 있듯이 자유로운 붓놀림을 통해 화가의 아름답고 기발한 구상이 신비로

운 꿈의 세계를 연출한다. 여기서 바라보는 사람들을 감동으로 이끄는 힘이 자연과 인간은 물론 유·불·선이 하나가 되는, 사임당이 지닌 융합적 사고에 기인함을 느끼게 된다. 실제 그림을 확인할 수 없음이 안타까울 따름이다. 이 그림의 상단에는 이경석(1595~1671)과 송시열의 발문도 붙어 있다.

역시 『양곡집』(권1)에 따르면, 소세양은 사임당의 다른 산수화 족자에 붙인 시에서도 마지막에 "두어 자 비단폭에 그려 넘친 그윽한 뜻/진정 알겠노라 신묘한 붓 하늘 조화 빼앗았네."라고 극찬하였다. 그윽하고 신묘한 이미지에 닿아 있는 사임당의 심오한 생각과 적절한 표현이 범상치 않다. 소세양은 많은 평론가들이 사임당을 율곡의 어머니에 치중하여 해석하는 것과 달랐다. 그의 글은 인상비평적인 차원을 넘어 전문적인 감식과 평가라는 점에서 더욱 가치가 있다.

16세기 사임당과 비슷한 때에 활동하면서 중국에 사신으로 가서 이름을 떨쳤던 문인 정사룡(1491~1570)도 그녀의 산수화에 대한 느낌과 감동을 시로써 표현하였다. 청아하고 웅장한 기상의 7언율시에 뛰어났던 정사룡의 평가 일부를 옮겨보면 "가느다란 소로는 은자의 움막으로 이어지고/파도는 밀려오다 돛단배에 부서지네."(『호음잡고』권5)이다. 사임당은 붓을 들면 자연스럽게 미묘한 조화를 이루어냈다. 그러므로 길과 만나고

파도에 부딪히는 인간의 형상이 신비하며 그윽하면서도 참신한 기운을 쉽게 느낄 수 있다.

사임당의 산수화 중 가장 잘 알려져 있는 것은 국립중앙박물관에 소장되어 있는 〈이곡산수병(二曲山水屛)〉이다. 안견의 화풍을 느끼게 하는 이 〈이곡산수병〉은 두 폭의 산수화로서 한 폭에는 맹호연의 시 「숙건덕강(宿建德江)」, 다른 한 폭에는 이백의 시 「송장사인지강동(送張舍人之江東)」의 일부가 제목으로 쓰여 있다. 즉 앞쪽 폭은 맹호연의 시제인 '건덕강에서 묵으며'의 내용에 맞게 은은한 달빛 아래 외로운 나그네가 앉아 있는 배 한 척이 쓸쓸함을 느끼게 하며, 뒤쪽 폭은 이백의 시제인 '강동으로 가는 장사인을 배웅하며'의 내용에 맞게 가을날 해 질 무렵 배를 타고 멀리 떠나가는 친구와 작별하는 모습이 외로움을 느끼게 한다. 사실 사임당의 그림으로 전하는 산수화는 여러 점이나 이 두 폭 산수화만이 그녀의 그림일 가능성이 크다. 이 〈이곡산수병〉에는 박재조와 이은상이 쓴 발문이 있다.

이 산수화는 조선 초기에 유행했던 명대의 절파 양식으로, 근경에 무게감 있는 요소가 집중되듯이 근경과 원경을 먹의 농담으로 차별화시키는 특징이 있다. 미술사학자 안휘준(1940~)은 자신의 저서인 『한국회화사』에서 "사임당의 산수화는 필묵과 준법에 있어서 절파의 영향을 가미한 절충 형식으로 16세기 산수화단의 새로운 화풍을 대변해주는 그림으로 평가받고 있다.”고 했다. 사임당의 산수화 실력을 단적으로 짐작케 하는 진술로, 안견에게서 배운 사임당의 산수화는 한 단계 나아가 자신 특유의 미술 세계를 형성해갔다. 이 산수화에서도 단순히 자연만 묘사하는 서양과 달리 동양 특유의 자연과 그를 사랑하는 인간 사이의 조화 · 융합이 눈에 띈다.

그녀의 그림은 산수화에 그치지 않았다. 비범한 그림 솜씨를 지닌 사임당은 산수 그림에 이어 포도 · 수박 · 가지 · 매화 · 대나무 · 벌 · 나비 · 풀벌레 · 잉어 · 기러기 등으로 점점 그림의 소재와 대상을 넓혀가면서 나중에는 수많은 걸작을 남기게 되었다. 다시 말해 그녀가 그렸다고 전해오는 그림 세계는 산수화를 비롯하여 묵포도도 · 초충도 · 화조도 · 묵매도 · 묵죽도 등 우리나라 어느 여류화가들에 비해도 폭넓고 다양하다. 여기서 포도 그림에 주목할 필요가 있다.

사임당의 집 마당에는 포도나무가 있었다. 뜰 안의 포도가 탐스럽게 익어가는 것을 보면서 자란 사임당에겐 포도에 대한 나름의 느낌이 자리 잡고 있었다. 포도를 수놓은 병풍을 완성하여 시집가는 친척 언니에게 선물도 한 적이 있다. 물론 한 · 중 · 일에서 문인화의 주요 화목 가운데 하나가 묵포도도이긴 하나 사임당이 특별히 절묘하게 잘 그렸다는 그림이 묵포도도이다. 율곡도 어머니의 그림 솜씨가 비범하다고 하면서 "포도를 그렸는데 세상에 흉내를 낼 수 있는 사람이 없었다."고 행장에 적었다.

사임당의 그림으로 전하는 네 폭의 포도 그림 가운데는 간송미술관이 소장하고 있는 〈묵포도도〉가 먹의 사용법이나 필치로 보아 가장 뛰어나다고 한다. 수직으로 주렁주렁 매달린 싱싱한 몇 송이의 포도와 풍성한 잎사귀 그리고 탄력을 유지하고 있는 말린 포도 넝쿨의 예리하고 자연스러운 묘사가 입체감과 참신함을 느끼게 해준다. 포도 열매 하나하나에도 먹의 어울림에 변화를 주어 율동감을 주었고 덩굴손의 끝부분도 탄력 있는 필선으로 생동감을 나타냈다. 이 그림을 보면 당시 기록들에서 사임당의 묵포도도를 극찬했던 이유를 알게 된다. 삼성미술관 리움에서도 〈묵포도도〉 한 폭을 소장하고 있다.

조선 중기 정승을 지낸 문인으로서 무엇보다 한시를 잘 지었던 정유길(1515~1588)은 사임당의 포도 그림 병풍을 보고 시를 지었다. 그는 「신씨가 그린 포도 병풍에 붙이다」라는 글에서 "신령이 응축되어 오묘한 조화를 빚어내니 붓이 빼앗아 똑같이 그려내었네."(『임당유고』)라고 하였다. 사임당의 포도 그림을 보면 포도의 탐스러운 이미지가 생생하게 전해지는데, 예술가나 학자들의 높은 평가를 통해 신사임당을 화가로 부르기에 부족함이 없을 만큼 그녀의 그림 수준이 상당했음을 알 수 있다.

포도 그림과 관련해서는 유명한 일화가 전한다. 신사임당이 강릉에 살 때 있었던 일인데, 이웃집 잔치에 사임당이 초대를 받아 갔다. 그런데 심부름하던 계집종이 잘못하여 어느 여인의 비단 치마에 음식 그릇을 쏟고 말았다. 더구나 그 비단 치마는 다른 사람에게서 빌려 입고 온 것이었다. 이 난처한 상황에서 사임당은 기지를 발휘하였다. 주인에게 벼루와 붓을 청해 그 얼룩진 치마에 포도 그림을 그리기 시작했다. 사임당은 싱싱한 이파리와 풍성한 포도송이가 그려진 치마를 부인에게 건네주며 시장에 내다 팔아 그 돈으로 비단 치마를 사서 돌려주도록 했다. 그 부인은 신사임당이 포도를 그려준 치마를 들고 시장에 가서 많은 값을 받아 그 돈으로 새 옷감을 사서 치마 주인에게 돌려주고도 몇 감이 더 남았다고 한다.

신사임당은 널찍한 마당과 호젓한 뒤뜰에서 노는 것을 좋아했다. 그리고 어머니가 집안 곳곳에 나무와 꽃을 심어 멋스럽게 꾸며놓은 정원에 앉아 사색에 잠기곤 하였다. 별당 앞으로는 진홍색 꽃술이 탐스럽게 매달린 배롱나무가 있고, 앞마당에는 철마다 매화, 국화, 맨드라미, 봉숭아, 원추리, 채송화 등이 곱게 피어났고, 뒤뜰에는 꽃과 함께 고추잠자리와 흰나비가 자유로이 원을 그리며 날아다니고, 마당 옆 텃밭에는 둥근 수박이나 길쭉한 오이 또는 자줏빛 가지 등이 풍성하고 그 주위로는 벌이 윙윙거리며 모여든다. 생활 속에서 사물을 관조하면서 아름다움을 표현하고 싶은 욕구와 충동을 느끼게 되는 것은 사임당의 자연스러운 일상이었다. 그녀의 그림 가운데 화조도, 초충도 등이 많은 것도 이 때문이다. 실제로 산수화나 묵포도도보다 채색한 초충도, 화조도의 수가 훨씬 많다. 다만 종이와 붓과 물감이 부족한 대로 마당에 앉아 나뭇가지로 그림을 그리기도 했다.

그녀가 그린 다양한 소재의 그림 가운데도 가장 많은 작품이 전하는 것은 채색 초충도이다. 눈물을 많이 흘릴 만큼 풍부한 감성과 온후하고 자상한 인간적 면모는 그녀가 즐겨 그렸던 '풀벌레 그림'인 초충도의 정밀한 묘사에 도움을 주었다. 예민한 신경과 섬세한 마음을 지닌 신사임당은 수풀 잎사귀에 붙은 풀벌레, 늪과 도랑의 개구리는 물론 곤충의 날개와 더듬이까지 온갖 친숙하고 작은 사물들의 존재를 있는 그대로 포착했다. 따라서 사임당이 그린 초충도에서 우리는 작가적 태도가 가져다주는 자연친화 사상이나 소박한 정서와 더불어 소재가 지닌 본질적 성격으로서의 생명력이나 의지력 등을 발견할 수 있다.

사임당의 초충도에 속하는 많은 그림 가운데 전하고 있는 대표적인 작품은 국립중앙박물관 소장의 '초충도 8폭'과 오죽헌·강릉시립박물관 소장의 '풀벌레 8폭' 등이다. 이들은 모두 여덟 폭의 그림과 두 폭의 발문으로 되어 있다. 이 그림들은 대부분 중앙에 한두 그루의 꽃이나 오이나 가지 등의 식물이 자리 잡고 그 주변에는 몇 마리의 나비나 곤충들이 날고 땅바닥에는 메뚜기, 도마뱀 등이 어우러져 있다. 이렇게 한 폭에 한 가지만이 아니라 여러 종류를 함께 배치하는 것도 그녀의 융합적 사고와 무관하지 않다.

'초충도 8폭'에는 평산 신씨 후손인 신경(1696~1766)과 서화 전문가라 할 수 있는 오세창(1864~1953)이 지은 두 폭의 발문이 붙어 있다. 근대 서화 감식 분야에서 크게 활동하던 오세창의 발문에 주목할 수 있는데, 그는 사임당의 짙은 채색 그림을 보고 "신묘한 채색이 오히려 반짝반짝 내 눈에 아롱지는 것을 느낀다."고 말했다. 병풍으로 꾸며진 여덟 폭의 그림 순서는 〈수박과 들쥐〉, 〈가지와 방아깨비〉, 〈오이와 개구리〉, 〈양귀비와 도마뱀〉, 〈원추리(꽃)와 개구리〉, 〈맨드라미와 쇠똥벌레〉, 〈산차조기(꽃)와 사마귀〉, 〈어숭이(접시꽃)와 개구리〉로 되어 있다. 〈수박과 들쥐〉는 사임당의 초충도 중에 가장 많이 알려진 작품이다. 사임당은 온화한 마음으로 주변의 아주 사소한 대상들에 관심을 가졌고 공들여 관찰하면서 사실적으로 표현하려 애썼다.

'풀벌레 8폭'에는 영조(1694~1776) 때 3정승을 두루 지

신사임당, 〈수박과 들쥐〉, 종이에 채색, 34x28.3cm, 국립중앙박물관

낸 정호(1648~1736)의 발문 한 폭과 이은상의 발문 한 폭이 붙어 있다. 병풍으로 꾸며진 여덟 폭의 담채 그림은 〈오이와 메뚜기〉, 〈물봉선화와 쇠똥벌레〉, 〈수박과 여치〉, 〈가지와 범의 땅개〉, 〈맨드라미와 개구리〉, 〈가선화(두메양귀비)와 풀거미〉, 〈봉선화와 잠자리〉, 〈원추리와 벌〉의 순서이다. 이 가운데 〈원추리와 벌〉에는 그림을 볕에 쪼이고자 내놓았더니 닭이 와서 쪼아 먹는 바람에 종이가 뚫어졌다는 그 유명한 일화가 깃들어 있다.

간송미술관에도 사임당 작품으로 알려진 '초충도 8폭'이 소장되어 있으며, 후손 이창용이 오죽헌·강릉시립박물관에 기증한 초충도 2점(〈수박과 석죽화〉, 〈꽈리와 잠자리〉)도 있다. 사임당의 작품 가운데 가장 많은 발문이 전하는 '풀벌레 7폭'의 그림첩은 안타깝게도 오늘날 전하지 않는다. 이 밖에 우리에게 잘 알려진 사임당 초충도의 소재들을 보면 꽃잎을 부챗살처럼 펼치며 피어나는 석죽화(패랭이꽃)를 비롯하여 꽈리, 나비, 나방, 여뀌, 버마재비(사마귀), 연꽃, 해오라기 등이 있다. 생활 주변의 눈에 띄지 않는 대상을 따뜻한 시선으로 관조하고 자유로운 심성으로 화폭에 담는 사임당의 감각과 재능은 남달랐다.

초충도의 경우 기록에 따르면 고려시대부터 즐겨 그려왔을 것으로 짐작은 되지만 실제 전하는 작품이 없다. 따라서 지금 전하는 초충도는 조선시대의 것들이며, 여성으로서 초충도로 이름 있는 자는 사임당뿐이라 할 수 있는데, 그녀의 그림에서는 살아 있다는 존재감과 더불어 활기찬 생동감이 짙게 느껴진다. 사실 초충도는 예리한 통찰력과 세련된 화법이 요구되는 만큼 전문적인 화원들에 의해 많이 그려졌을 것이다. 때문에 전문적 화법을 배우지 못했을 사임당의 천재적인 그림 솜씨가 더욱 돋보인다. 신사임당은 우리나라에서 초충도를 제일 잘 그렸다고 평가되고 있는데, 신사임당이 그렸다고 전해지는 작품들에 진품임을 입증하는 낙관이 없는 한계는 극복해야 할 과제다.

신사임당의 작품 가운데 화조도인 〈새 그림〉이나 〈백로〉 등도 명품으로 잘 알려져 있다. 이 그림 속에 등장하는 할미새나 백로는 너무나 사실적으로 묘사되어 살아서 움직이는 듯한 생동감과 친밀감을 준다.

사임당이 생존했던 당시나 그녀 사후 멀지 않은 16세기는 물론 18세기에 이르기까지 지식인들로부터 사임당은 율곡의 어머니로서가 아니라 독립적인 존재로서 인정받았다. 18세기 저명한 시인 이병연(1671~1751)이 사임당이 그린 포도 그림에 쓴 시에서 "사람들은 포도 그림만 좋아하면서/부녀 중의 이영구(산수화의 대가)라 일컫네."라고 했듯이 18세기에도 사임당은 산수화나 포도 그림 등으로 이름을 날리고 있었다. 양명학자 이긍익(1736~1806)도 "근래 그림을 잘 그리는 자가 매우 많다.

산수화에는 별좌 김장과 이원수의 아내 신씨와 학생 안찬이 있고……"(『연려실기술』)라고 하였다. 18세기까지 사임당의 산수화가 널리 알려졌던 사실을 확인할 수 있다.

사임당은 조선 최고의 여류화가였다. 그리고 그녀는 자신의 그림에 대한 소질을 맏딸인 매창과 막내 아들 이우에게까지 물려줄 수 있었다. 사회적으로 많은 제약을 받고 살아야 했던 여성으로서 그림을 정식으로 배울 기회는 없었을 것이요 스승이 있었는지에 대한 관련 기록도 전혀 없다. 당연히 혼자 공부했을 가능성이 큼에도 불구하고 그녀의 그림이 크게 인정받은 사실을 보면 타고난 재능과 더불어 그림 공부에 대한 열정을 쉽게 이해할 수 있다.

그녀가 처음 시어머니를 뵙던 날 '신부가 그림을 잘 그린다고 하니 한번 감상할 수 있겠느냐?'고 했다는 기록이 전해질 만큼 어릴 때부터 시작한 그림 공부를 그녀는 결혼 후에도 이어갔다. 가부장제적 억압을 피하기 힘든 결혼이라는 제도와 결혼에서 비롯되는 가족들과의 새로운 관계는 물론 살림을 꾸려가야 하는 가사노동, 여성으로서의 감당해야 하는 임신, 출산, 육아 등의 문제는 개인의 자유가 보장되고 작업에 집중해야 하는 예술가에게는 커다란 장애물이다. 사임당은 수많은 난관에도 불구하고 그림 그리는 활동을 멈추지 않고 꾸준히 해나갔다. 타고

난 자질만으로 높은 경지의 그림 세계가 이루어지는 것이 아님은 당연하다. 여섯 폭의 매화 습작이 남아 있는 것을 보면 신사임당 자신이 기대하는 만큼의 결과를 내기 위해 얼마나 고된 훈련의 시간을 보냈는지를 가늠할 수 있다.

그녀의 그림을 보면 사물을 객관적으로 관찰하고 정밀하게 표현하는 가운데 작가의 깊은 의도를 전달하는 점이 뛰어나다. 관직을 사양하며 학문에 몰두했던 조귀명(1693~1737)은 7촌 조카 조의진이 소장한 '초충도 8폭' 병풍에 붙인 발문에서 신사임당의 그림을 "그윽하고 고우며 고상하고 명랑하다."며 작가의 천부적 재능과 뛰어난 예술성을 요약적으로 제시한 바 있다.

시문이 뛰어나며 서예에도 정평이 있던 영·정조대의 홍양호(1724~1802)가 사임당의 그림을 지니게 되었다. 네 폭으로 된 이 그림첩에는 대와 학, 버들과 꾀꼬리, 꽃과 나비 등이 등장한다. 홍양호는 이 화첩에 발문을 쓰기를 "그림으로써 세상에 드러난 이가 이루 헤아릴 수 없지마는 모두 남자요 부인은 전혀 없으며 또 잘 그리는 이는 많아도 신묘한 경지에 들어간 이는 드문데 부인으로서 그림을 잘 그려 신묘한 데 들어간 이야말로 오직 우리나라 사임당 신씨뿐이다."라고 하였다. 화가로서 이보다 더 나은 평가를 받기는 어려울 듯하다. 예술에 대한 식견을 갖춘 사람이 조선의 유일한 여류화가요, 조선 최고의 화가라고 단정하는 데서 사임당의 화가로서의 면모를 새삼 확인할 수 있다. 그림의 행처는 알 수 없어 안타까울 따름이다.

한일 문화예술의 가교 역할을 한 야나기 무네요시(柳宗悅, 1889~1961)는 자신의 저서인 『조선미술사』에서 "신사임당의 작품들은 16세기 회화예술의 사실주의적 발전 추이를 잘 보여주고 있다."고 말한 적이 있다. 이상에서 볼 수 있듯이 16세기 어숙권, 정사룡, 정유길, 소세양을 비롯하여, 18세기 이병연, 이긍익, 조귀명, 홍양호 등을 거쳐 20세기의 오세창에 이르기까지 많은 평론가들은 율곡과 관계없이 그림 자체를 놓고 신사임당을 훌륭한 화가로 인정하고 찬사를 보냈다.

지금까지 살펴본 바와 같이 사임당은 크게 산수화, 묵포도도, 초충도를 그려왔다. 이를테면 사임당은 산수, 포도, 초충 등의 자연이 지닌 형상과 정신을 사실적으로 표현하고자 했던 화가이다. 조선조 여성에게 당연하게 부과되어온 문제적 현실을 감내해야 했던 자신의 처지를 깨달으며 개인의 존재적 가치를 부각시키기 위한 갈등과 충동을 주로 그림을 통해 해소하고자 했을 것이다. 그녀에게는 남성과 차별화되지 않는 여성, 자연과 조화를 이루어야 하는 인간, 인간과 함께 존재해야 할 미물 등이 자신이 감싸 안아야 할 대상이었을 것이다. 사임당은 융합을 통해 평화와 생명의 가치를 담아내는 작품 세계를 구현하고자 했던 화가라 할 수 있다.

　요컨대 신사임당은 조선 중기의 화단에 자기 이름을 또렷하게 남긴 화가이자 조선 제일의 여류화가였다. 사임당의 경우 적어도 16세기 이전까지는 확실하게 '화가'로서의 떳떳한 모습을 보여주었다. 율곡을 앞세워 '이공 부인', '신 부인'이라 호칭되기 이전이어서 '신씨' 혹은 '동양(평산의 옛 이름) 신씨'로 불렸던 것도 사임당의 독자적 위상을 뒷받침해준다. 1930년에 역사학자 장도빈(1888~1963)은 강릉이 배출한 신사임당을 허난설헌과 함께 '조선 10대 여성'에 여화백과 여시인으로 선정하였다.

9
아들(율곡)과 함께 가다

　　신사임당의 경우 글은 아버지에게서 배웠으나 그림은 거의 독학했다. 사임당의 그림 가운데 가장 많이 전하는 것은 채색의 초충도와 화조도이다. 그러나 당시의 기록들에는 이에 관한 언급을 찾아볼 수 없다. 그런데도 많은 그림들이 그녀의 것으로 전하게 된 것은 신사임당의 난초 그림에 53세(1659)의 우암 송시열이 발문을 쓴 이후 생긴 일이라 한다. 우암은 "사람의 손으로 그렸다고는 믿을 수 없을 정도로 매우 자연스럽고 사람의 힘이 범할 수 없는 것이다. 이와 같을진대 오행의 정수를 얻고 또 천지의 기운을 모아 참다운 조화를 이룸에야! 과연 그가 율곡 선생을 낳으심이 당연하다."(『송자대전』 권146)고 말했다. 발문만 전할 뿐 그림은 전하지 않는다.

송시열은 사임당의 그림이 단순한 기교나 얕은 재간에 의해 나오는 것이 아닌 천부적 예술성에서 탄생하는 것임을 강조하기 위해 노력했다. 그리고 그는 음양오행의 정수와 천지의 기운이 응축되는 사임당의 영통한 힘으로 율곡의 존재를 가능케 했다고 하였다. 발언의 취지를 볼 때 율곡의 존귀함을 두드러지게 하기 위해 신사임당을 논평하고 있음이 엿보인다. 이제 사임당이 학문이나 예술 등에서 독자적으로 평가받기보다는 율곡의 어머니로서의 비중이 커지기 시작하였다.

숙종(1661~1720)이 즉위하면서 환국정치가 시작되는데 이렇게 환국으로 집권 세력이 뒤바뀌던 정치적 상황에서 당시 서인의 영수였던 송시열은 서인의 결속력을 높이고 집권을 유지하기 위해 서인의 정신적 지주였던 율곡을 신격화해야 했다. 그리고 이를 이해 송시열은 율곡 사후 방치되었던 신사임당의 묘소를 정비하고 그림에 발문을 붙여 천지의 기운을 받아 율곡을 잉태하고 올바른 교육으로 율곡을 성장시킨 어머니로 만들었다. 그 후 서인 세력은 자신들의 학문적 계통과 정치적 노선 등 정체성 확보를 위해 율곡을 더욱 숭앙하게 되었다.

송시열을 비롯하여 많은 사람들이 율곡의 어머니인 신사임당의 그림을 높이 평가한 바 있다. 포도 그림의 경우는 세상 어느 누구도 모방할 수 없다고 할 정도다. 그녀의 그림에 대해서는 '배워서 된 것이 아니다'라든가, '사람의 힘으로 된 것은 아닌 것 같다'라는 평가가 따른다. 현종 2년(1661)에 삼전도 비문 작성으로 자존감을 잃어야 했던 문장가이자 영의정을 지낸 이경석이 사임당의 산수화에 다음과 같이 발문을 썼다. "삼가 신부인의 산수 그림을 열람해 보니…… 이것이 어찌 배워서 될 수있는 일이겠는가? 거의 하늘이 주어 얻은 것이리라. 그 율곡 선생을 낳으신 것도 역시 하늘이 준 것이요 천지의 기운이 쌓여어진 이를 밴 것도 바로 그 이치이니 어찌 조화가 손 안에만 있다 할 것인가? 기이하고도 아름답도다."(『백헌집』 권30)

앞서 소세양이 발문으로 지은 시에서도 말했듯이 송시열은 사임당의 산수화에 발문을 지어 붙였다. 서인의 영수답게 송시열은 사임당을 화가보다는 대학자 율곡 이이의 어머니로 인정하고싶어 했다. 송시열의 이 발문 이후에는 산수화 그림에 더 이상발문이 붙지 않았다. 조선 여성의 작품으로서는 거의 찾아보기힘든 산수화였건만 발문에 율곡의 어머니로 부각될 뿐 이제 산수화가 사임당은 자취를 감추는 셈이 되고 말았다. 그 후 사임당 그림의 발문은 초충도로 집중되었다. 실제로 초충도보다 산수화가 더 뛰어났다는 점을 감안하면 안타깝게 그지없다. 개방적이고 자유로운 의식이 요구되는 산수화를 부정적으로 보면서섬세하고 여성적인 이미지에 잘 맞는 초충도를 강조함으로써 사임당이 '어머니'로 부상되는 효과를 극대화했던 것이다. '초충'은『시경』에 여성의 부덕을 칭송하는 시이다.『시경』은 성리학에서 중시하는 책이므로 사임당의 초충도 역시 성리학적 이념에 부합된다고 본 것이다.

이같이 송시열이 활동하던 17세기 무렵에 오면서부터 사임당의 그림 작품을 논하면서 사임당이 예술가로서의 능력보다는 율곡의 어머니로서의 자질이 중시되는 경향을 보인다. 다시 말해 율곡을 흠모하는 노론 계열 학자들에 의해 17세기 중반부터 사임당 담론이 본격화되었다. 사임당은 화가로서의 모습이 다소 가려진 채 율곡의 어머니로서의 길을 가게 되었다고 할 수 있다. 이때부터 사임당은 조선의 전통적인 현모양처의 프레임 속에 유교 사회가 강조했던 부덕을 잘 실천한 대표적인 인물로 3백 년 넘게 내려오게 되었다. 그리하여 안타깝게도 그녀를 주체적 인물이 아닌 순종적인 여성으로 오인시키는 결과를 낳았다.

송시열의 제자로서 사약을 받던 스승의 임종을 지키고 삼년상까지 치른 바 있는 권상하(1641~1721)는 숙종 44년(1718)에 사임당의 수묵화 '수박', '대나무', '오이', '쏘가리'의 네 폭으로 된 그림첩에 붙인 발문에서 사임당의 그림이 "필력이 살아 움직이고 모양을 그린 것이 똑같아 줄기와 잎사귀는 마치 이슬을 띤 것 같고 풀벌레는 날아 움직이는 것 같으며 오이와 수박은 보다 말고 저도 몰래 입에 침이 흐르니 참으로 천하에 제일 가는 보배다."(『한수재집』)라고 했다. 그리고 이어서 "율곡 선생은 과연 백대의 스승이라 내 일찍이 저 태산과 북두성처럼 우러러 받들었는데, 이제 또 그 어머니의 작품을 보고 나니 그 경모되는 바가 과연 어떻겠는가?"라고 말했다. 이 발문 역시 율곡에 대한 맹렬한 추앙과 함께 그 어머니를 칭송하고 있다.

18세기를 거치면서 사임당의 초충도에 많은 노론 계통의 학자들이 발문을 붙이는 경향을 보였는데, 대체로 초충도를 여성의 장르로 인식한 결과이다. 송시열의 문인으로 시·서·화에 모두 뛰어났던 김진규(1658~1716)는 1709년 사임당이 그린 '풀벌레 7폭' 그림첩에 쓴 발문에서 다음과 같이 적었다. "이것은 율곡 선생 어머니가 그린 풀벌레 일곱 폭이다. …… 이른바 여자의 일이란 베 짜고 길쌈하는 데 그칠 뿐 그림 그리는 따위의 일은 하지 않았다. 그런데도 부인의 기예가 이와 같은 것은 어찌 여자교육을 등한시한 것이겠는가. 진실로 타고난 재주가 총명하여 여기까지 온 것이리라." 또한 발문에서 "벌레, 나비, 꽃, 오이 따위는 다만 그 모양이 꼭 같을 뿐만 아니라 그 빼어나고 맑은 기운이 산뜻하여 산 것만 같아 저 붓이나 핥고 먹이나 빠는 저속한 화가 따위의 능히 미칠 바는 아닌 것이니 어허 기묘하기도 하다."라고까지 했다. 율곡을 추앙하기 위한 것이긴 하나 대상을 바라보고 묘사하는 안목과 표현 등에서 사임당이 실력을 갖춘 화가였음을 입증하는 말들이기도 하다.

영산현감을 시작으로 우승지까지 지낸 바 있는 정필동(1653~1718)이 소장하고 있던, 사임당이 그린 이 '풀벌레 7폭'의 그림에 대해서는 유난히 평가가 많았는데, 김진규에 이어 신정하(1681~1716)는 숙종 31년(1711)에 '풀벌레 7폭'에 대한 느낌과 생각에다 운율을 실어 "그린 이는 석담 이 선생의 어머니요, 얻은 이는 동래 사람 정종지라네/선생을 공경함이 부인께도 미치어 그림을 만지다가 나도 몰래 경탄하네……"라고 「사임당 초충도가」를 지었다. 신정하는 조선 후기 문인으로서 벼슬보다 학자의 길을 선택했던 김창협의 제자다.

또한 숙종 39년(1713)에 '풀벌레 7폭'에 쓴 송상기(1657~1723)의 발문을 보면 "선생은 백세의 사표인 만큼 세상에 어찌 그분을 앙모하면서 그 스승의 어버이를 공경하지 않을 수 있겠는가?"라고 적고 있다. 송상기는 사임당의 솜씨가 신기하여 그림에 생동감이 있다고 하면서도 그것은 율곡의 어머니이기 때문이라는 식으로 설명하고 있다. 화가로서의 사임당보다는 율곡의 어머니로서의 사임당을 강조하고 싶어 하는 의도로 읽힌다. 송상기는 송시열의 제자로 희빈 장씨(1659~1701)의 어머니가 가마를 탄 채 대궐에 출입하므로 가마를 불태워야 한다고 간

언했다가 파면되었던 인물로서 그 후 파직을 거듭 당하면서도 여러 요직을 거쳤다.

그림에 조예가 깊었던 숙종도 숙종 41년(1715)에 율곡의 어머니가 그린 것이라며 '풀벌레 7폭'에 발문을 달았다. 숙종은 장인 김주신(1661~1721)이 가지고 있던 신사임당의 그림첩을 보고 감탄하여 이를 모사해서 병풍을 만들어 궁궐에 두게 하고 는 그림에 직접 글을 써서 남기기도 했다. 한편 앞에서 말했듯이 '풀벌레 8폭'에 발문을 지었던 정호가 다시 '풀벌레 7폭'에 발문을 붙여 "덕을 갖추지 않음이 없으며 다른 일도 다 능하다는 그것이 아니겠는가."라고 하여 사임당의 천부적 재능을 찬양한 바 있다.

앞서 '풀벌레 8폭'에서도 잠깐 언급했듯이 사임당의 친척한 사람이 자신이 지니고 있던 사임당의 〈원추리와 벌〉이라는 그림을 여름철이 되어 햇볕에 말리려고 마당에 널어놓았더니 닭이 달려들어 쪼아 먹으려는 바람에 그림에 구멍이 뚫렸다는 일화가 있다. 송상기는 그 말을 듣고 기이하게 여기면서도 그림을 보지 못하고 있다가 드디어 정필동이 지닌 '풀벌레 7폭'을 보고 꽃과 오이, 곤충과 나비들이 살아 움직이는 듯하여 비로소 친척집에 간직한 그림도 이런 것이리라 판단하고 자신이 들은 것이 빈말이 아니었음을 깨닫게 되었다고 했다. 바로 앞에서 사임당을 독립적으로 평가하지 않았던 송상기가 이 같은 태도의 변화를 보임으로써 사임당은 더욱 확실하게 화가로서의 능력을 인정받고 있는 셈이다. 마침내 송상기는 "율곡 선생 때문에 부인에게까지 미쳐 그림을 사랑스럽게 완상하고 보배처럼 아끼기를 값진 구슬같이 할 뿐만이 아닐 것이니 이 그림첩은 후세에 무궁토록 빛날 것임을 나는 알고 있다"(『옥오재집』권13)고 했다. 17세기 이후 율곡의 어머니였기 때문에 사임당의 작품을 과찬한 것이라 보기에는 그 예술성이 너무나 뛰어났음을 용인하지 않을 수 없다.

예로부터 많은 사람들이 매화를 좋아했지만 고상한 품격을 큰 가치로 여기던 신사임당은 유난히 매화를 사랑했다. 겨울이 지나고 피는 봄의 꽃들은 대부분 화려한 데 비하여 눈 속에 피어나는 매화는 홀로 강직하고 고고하기 때문이었다. 군자의 덕성을 바라던 사임당은 빛깔도 향기도 깨끗한 매화를 더 가까이했다. 집 안마당에 핀 홍매화도 보며 자랐다. 사임당은 어릴 때부터 매화를 좋아한 나머지 그림으로도 많이 그리고 싶었을 것이다. 어릴 때 그린 작품이 남아 있는 것도 매화 습작임을 보면 그러하다. 맏딸의 이름을 '매창'이라 했던 것조차도 우연이 아닐 것이다.

사임당의 매화 그림은 〈매화 8폭〉, 〈매화 1폭〉, 〈매화습작

6폭〉이 전한다. 〈매화 8폭〉은 매우 간결한 구도에 소박한 필치로 되어 있다고 평가받는다. 기교가 적고 자연스럽게 표현한 그림이어서 생동감을 준다는 것이다. 고목 줄기로부터 향기를 품어 올리는 설중매, 풍상을 견디다 못해 살짝 부러진 절매, 꽃과 가지가 안개 속에 살며시 가려진 연매, 새 가지가 달을 향해 힘차게 뻗은 월중매 등의 여덟 첩으로 된 〈매화병풍도〉를 그리는 데 한 달 보름은 걸렸다고 한다. 이 〈매화 8폭〉에는 세 사람의 발문이 붙어 이화여자대학교 박물관에 소장되어 전하고 있다.

19세기에 신사임당 집안인 평산 신씨들은 사임당을 율곡의 어머니로 떠받들기 위해 매화 병풍 작품들에 관심을 갖고 발문을 지었다. 여덟 폭 〈매화병풍도〉에 적은 신응조(1804~1858), 신석우(1805~1865)의 발문에는 정작 신사임당의 그림에 대한 평가는 거의 보이지 않고 그녀가 율곡의 어머니라는 사실만을 드러내는 편이다. 신응조는 율곡을 선양하기 위한 맥락에서 철종 12년(1861)에 쓴 사임당의 〈매화 8폭〉의 발문을 통해 신사임당의 모든 그림은 부도 실천의 연장선상에서 보아야 한다는 논리까지 폈다. 그리고 신석우는 "율곡 선생의 학문을 이야기하려는 사람이면 누구나 이 그림을 보배로이 완상해야 한다."고 했다.

사임당의 명성이 기록으로 널리 전파될 수 있게 된 계기는 어느 정도 아들 율곡에 의해 촉발되었다고 할 수는 있다. 그러나 화가로서의 사임당의 참모습은 오히려 아들에 의해 가려졌다고 해야 할 것이다. 다만 사임당의 예술적 업적을 유교적 부덕과 연관시켜 논의하면서 다소 과장한 점은 한계로 지적될 수 있으나 융합의 차원에서 긍정적 의미로 이해될 수도 있다.

10
인생과 예술의 융합을 이루다

우리가 늘 사용하는 화폐 속의 인물로 넣기까지 많은 논쟁을 거쳐 5천 년 역사에서 찾아낸 여성이 신사임당이다. 그녀를 선정한 가장 중요한 이유의 하나가 '양성평등'의 차원에 있었음에도 불구하고 지금도 일반 사람들에게 신사임당을 물으면 대부분 현모양처 또는 율곡의 어머니로 답을 한다. 우리에게 막연히 덧씌워지는 이미지나 고정된 관념이 얼마나 견고한가를 느낄 수 있다.

이제 신사임당을 단순히 율곡의 어머니로만 다룬다든가 조선시대 부덕을 갖춘 여성으로 규정해버리고 마는 평가의 한계와 어리석음을 우리는 깨달아야 한다. 사임당의 학문이나 예술 같은 고도의 전문적인 영역을 도외시하고 인간적인 면모만 부각시키는 것은 실상과 거리가 멀 수밖에 없다. 그렇다고 그녀의 학문적 예술적 전문성을 강조하기 위해 고의로 인간적 자애와 덕성을 덮어버리는 것도 바람직하지 못하다.

신사임당은 조선사회 여성이기에 감내해야 했던 통념적 처지를 뛰어넘어 주체적이고 가치지향적인 모습을 보였다. 이는 주로 시집살이의 구속에서 벗어날 수 있었던 환경과 주위 사람들의 도움도 배제할 수 없지만 사임당 개인의 타고난 기질과 확고한 목표와 치열한 노력의 결과라 할 수 있다.

무엇보다 신사임당은 융합적 가치를 자기 삶의 가장 소중한 덕목으로 여겼다. 이는 '나' 중심의 존재론적 사고가 강한 서양과 달리, '우리' 중심의 관계론적 사고가 강한 동양적 사유 방식에 기인한다. 즉 서로 다른 각각의 것들이 소통하듯이 모든 분별을 뛰어넘어 전체를 아우르고자 하는 통합과 중용에 대한 그녀의 인식과 믿음에서 비롯되었다. 실제로 인간과 자연, 자아와 타자는 물론 가정과 사회, 정신과 물질, 이론과 실천, 학문과 예술, 이성과 감성 등 사임당을 융합적 인재로 규정할 수 있을 만한 요소들이 그녀에게서 상당히 많이 발견되고 있다. 심지어 융합의 요소는 유·불·선의 사상, 산수화·포도도·초충도의 그림, 초충도 안에서의 여러 종류의 배치에 이르기까지 전반적으로 확장 가능하다.

특히 신사임당의 경우 크게는 인간과 예술의 융합이 이루어지는바, 그녀가 인간으로서의 덕성을 발현하고 예술적으로 업적을 남길 수 있었음에 주목하게 되었다. 그리고 그 안에서 작게는 인성의 경우 타인에 대한 배려와 더불어 자아의 주장이 있었고, 예술의 경우 시, 서예 등에 대한 관심과 함께 그림에 집중할 수 있었음을 알게 되었다.

앞서 나왔듯이 사임당과 동시대 활동했던 소세양이 사임당의 산수화 족자에 붙인 시 말미에 "두어 자 비단 폭에 그려 넘친 그윽한 뜻/알겠구나! 신묘한 붓 하늘 조화 빼앗았네."라고 찬양한 바 있다. 여기에서 '그윽한 뜻'은 사임당의 인간적 덕성을 가리킨 것이고, '신묘한 붓'은 사임당의 예술적 기량에 대한 칭송이다. 김장생의 문인이었던 이경석도 사임당의 산수화에 대해서 "털끝을 가려내도록 섬세하여 모두 붓 밖의 뜻이 있어 그 그윽하고 조용하고 단단하고 깊은 덕이 역시 저절로 그 사이에 나타나 있으매 이것이 어찌 배워서 될 수 있는 일이겠냐."라고 적었다. 그림 솜씨인 예술적 재능은 물론 그녀의 인간적 덕성까지 하늘이 내린 것으로 평가하고 있다

조선 후기 송강 정철의 후손이었던 정호(1648~1736)가 사임당의 '풀벌레 8폭' 그림첩에 붙인 발문에서 "여자로도 덕이 이미 온전히 갖추어졌고 재주도 통하지 않음이 없다고 하니 어

찌 여자라고 하여 군자라 일컫지 못할까?"(『장암집』)라는 평을 했다. 이렇게 본다면 사임당은 인간적으로 성품과 행실이 훌륭하고 예술가로서의 재능과 자질이 우수했던 위인으로 우리가 배우고 따라야 할 만한 여성임에 틀림없다. 18세기 말을 살았던 신재건도 사임당의 '풀벌레 6폭' 그림첩에 다음과 같이 발문을 지었다, "부인의 성품과 행실은 단아하고 정숙했으며, 시와 글과 글씨와 그림에 능치 못한 것이 없었으니 참으로 부녀자 중의 군자였다. 이 어찌 우리 신씨 문중의 영광이 아니겠는가."라고 하여 비록 후손의 말이긴 하나 매우 간명한 평가라고 볼 수 있다. 신재건은 다른 발문에서는 사임당을 일컬어 '만대에 부녀자의 사표가 되었다'고 적었다.

사임당은 자신의 목표와 소신을 잃지 않고 독자적인 학문과 예술의 세계를 추구하면서도 인간의 올바른 행실과 바람직한 삶을 지향하였다. 사임당은 어려서부터 게으름을 피우지 않고 매우 성실하게 살았다. 성실한 삶은 남을 존중하는 마음, 즉 겸손함으로 이어졌다. 이는 자아가 뚜렷하면서도 타인을 수용하는 것을 의미한다. 자녀들과의 관계에서도 상호 노력을 통한 교육적 효과를 중시했고, 부부간의 관계에서도 존중과 견제의 균형을 잃지 않으려 노력했다. 다시 말해 인간적인 측면에서 그녀에 대한 오해는 사라져야 한다. 사임당은 남편을 존중하면서도 훈계를 했고, 부모에게도 공손하면서도 할 말은 했으며, 자식들에게 자상하면서도 엄격했다. 그리고 관심과 행동이 가정 안에 갇혀 있지 않았을 뿐만 아니라. 사회에 대한 의식에서도 매우 진보적이었다.

사임당은 여자의 일상사를 제쳐두고 자기가 하고 싶은 그림에만 몰두한 것은 아니었다. 출가 전 형제들 중에서도 바느질 솜씨가 가장 뛰어났다고 어머니로부터 칭찬받을 때가 많았다. 그렇다고 그림 그리는 일이 가사를 모두 마치고 난 뒤에 여가로 할 수 있는 것도 아니다. 무엇보다 가사노동을 하며 자아를 성취하는 것은 인내와 집중이 없으면 도달할 수 없다. 그녀는 일곱 살부터 그림을 시작했고 육아 기간에도 그림을 손에서 놓지 않았다. 학문에 있어서도 마찬가지로 그녀는 늘 독서를 통해 지혜를 확충해나갔다. 요컨대 신사임당은 가정적으로 부덕을 갖추고 생활에 주도적일 뿐만 아니라 사회적으로 존경을 받을 만한 식견과 인품을 지녔으면서도 끊임없이 자기 계발을 통해 학문과 예술에서도 두드러진 수준을 보여주었던 융합적 주체의 여성이다.

'예술은 도덕을 전달하는 그릇이 되어야 한다'는 논리에 기반하여 조선 사회에서 예술작품은 인간의 올바른 성정을 중요하게 다루었다. 깊은 학문적 소양, 숭고한 인품을 갖추었던 사임당은 시 · 서 · 화를 통해 성리학적 정신으로서의 내면적 성찰과 절제된 감정을 적실하게 표현하고자 했다. 실제로 신사임당의 작품을 보면 그녀의 인격이 잘 드러난다고 하는 것도 이 때문이다. 그녀의 작품 깊숙이 자리 잡고 있는 강직하고 그윽한 정신과 밖으로 드러나는 온유하면서도 우아한 분위기가 만나 감동을 자아내는 데 주목하지 않을 수 없다. 더구나 사임당의 예술이 주는 생동감과 안정감의 조화로운 이미지는 그녀의 학문과 인격을 갖춘 '선비'의 멋스러움과도 일치된다.

사임당은 『소학』, 『논어』 등을 공부하여 '이성'을 단련하고, 시 · 서 · 화를 통해 '감성'을 충만케 했다. 사임당의 예술과 인격의 조화가 빚어내는 격조에 반하여 노산 이은상(1903~1982)은 사임당을 칭송하는 노래까지 불렀다. "뛰어난 학문 예술 높은 덕을 갖추신 이여/어찌 율곡 선생 어머니만이오리까." 그는 사임당을 고매한 인격을 지닌 대학자요, 시인이자 서화에 능력 있는 천재 예술가로 보았다. 더 이상 높은 평가가 내려지기 힘들 것이라 보며, 사임당을 융합적 인재로 규정짓는 데 이보다 더 적절한 표현도 흔치 않을 것이다. 본질적으로 판단할 때 신사임당은 시대에 영합 안주하지 않는 주체적인 여성으로서 사회적 공공성에 민감한 지식인이요 탁월한 화가이자 문화예술인이었다는 점과, 가정적으로 성실한 주부요 진취적인 아내이자 현명한 어머니로서 훌륭한 인격자였다는 점에서 한국 역사에 이만큼 융합형 인재상으로 공감할 만한 인물은 드물 것이다.

가정의 살림과 가족을 위해 자신의 꿈과 일을 포기하기보다는 끊임없이 자신의 능력과 예술성을 발휘한 사임당의 모습은 오늘날 전업주부들에게 희망을 보여준다고 할 수 있다. 또한 자기 개인의 성취와 일을 위해 타인에 대한 배려를 망각하기보다는 변함없이 인간관계 속에서 자신의 역할을 충실히 해냈던 사임당의 겸손함은 오늘날 사회활동을 하는 여성들에게 새로운 방향성을 제시한다고 하겠다. 사임당이 보여주었듯이 인간과 예술(일), 가정과 사회 속에서 균형 있는 융합적 인물이 된다는 것이 사실 참으로 힘들다. 하지만 삶이 엄중한 만큼 우리는 고난을 받아들이는 가운데서 평안과 행복을 찾는 것이 도리일 것이다.

신사임당, 〈맨드라미와 쇠똥벌레〉, 33,2×28,5cm, 국립중앙박물관

에필로그

16세기 이 땅에 살았던 신사임당은 현대에도 찾아보기 힘들 만큼 위대한 인물이다. 그럼에도 우리의 불찰로 그녀는 정체성을 잃고 방황해야 했다. 전쟁이 끝나고 도덕적 질서의 회복이 요청되는 가운데 17세기 중엽 이후 율곡을 숭앙하던 노론 학자들에 의해 사임당은 현모양처의 상징처럼 되기 시작하였다. 그리고 일제강점기에 식민 세력에 의해 사임당은 더욱 인내와 희생을 뜻하는 현모양처의 대명사가 되었다. 1980년대까지 사임당은 긍정적인 평가와 함께 현모양처가 갖는 수동적 이미지에 따른 부정적인 평가도 만만치 않았다. 드디어 1990년대 후반 '사임당은 현모양처가 아니다'라는 주장이 나오기에 이르렀고, 2000년대 들어 사임당에 대한 독자적이고 예술적인 평가가 이루어지기 시작했다. 그러나 아직도 논란이 그치지 않고 있어 안타깝기 그지없다. 이제야말로 부정적 이미지의 현모양처가 아님을 확실히 정리하고 새로운 평가와 더불어 사임당의 실체에 이름을 붙여주어야 할 때라 생각한다.

중종 14년(1519) 기묘사화 이후 칩거하면서 아이들을 가르치던 아버지 신명화 앞에서 사임당은 답답한 속내를 털어놓았다. "맹자께서 이르기를, 만물 가운데 오직 사람이 가장 존귀하며 그 까닭은 오륜을 가지고 있기 때문이라 했습니다. 그런데 사람들이 잘못 이해하고 있는 것은 없는지요?" 아버지가 "무엇을 말이냐?"라고 묻자 사임당은 다시 똑똑하게 대답했다. "오륜에서 부부가 유별하다는 것은 각자 할 도리가 따로 있다는 것이지, 남녀를 차별하는 의미로 쓰인 것은 아닌 듯합니다." 아버지는 "그러면, 남편은 진실로 장중한 태도로 하늘의 굳센 도리를 본받고, 아내는 온유한 태도로 땅의 유순한 의리를 따라야 집안의 법도가 바로 선다는 말을 어떻게 생각하느냐?"라고 물었다. 사임당은 다시 용기 있게 답했다. "남편은 건건지도(乾健之道)하고 아내는 곤순지의(坤順之義)하라 함은 '진나라 사람 극결이 밭에서 김을 매고 있을 때 그 아내가 새참을 내왔는데 서로 공경하여 상대하기를 마치 손님 모시듯 하였으니 부부간의 도리는 마땅히 이와 같아야 한다'고 한 마지막 구절에 답이 있다고 생각합니다."

　그토록 아버지를 존경하고 따르던 효성스런 딸이 그 아버지 앞에서 거리낌 없이 바른 말을 하였다. 사임당은 착하고 정이 많으면서도 때로는 당돌하고 냉정했다. 어머니를 닮아 늘 말수가 적고 겸손하지만 그녀는 참고 순종만 하는 여성이 결코 아니었다. 아버지와의 토론에서 사임당은 부부유별의 해석을 통해 부부 또는 남녀는 서로 존중하는 관계여야 한다는 소견을 피력하였다. 사임당은 남녀의 다름을 인정하면서도 차별을 용납하지 않았다. 오히려 인간으로서 유연하면서도 강건한 성품을 바람직하게 생각하는 예지를 보였다. 그녀는 지나치게 완강할 필요도 없지만 너무 나약해서도 안 된다는 신념을 품고 있었을 것이다. 실제로 그녀는 온화하면서도 강직한 품성을 지니고 살았다. 신사임당의 강건과 온유를 핵심으로 하는 외유내강의 성정과 합리적인 가치관은 주위 사람들의 삶에 크게 영향을 미쳤을 것이다.

　사임당의 삶은 대단히 주체적이었다. 어릴 적부터 부모와 외조부모의 자상하면서도 엄격한 가르침을 받아오면서 거기에 그치지 않고 그녀는 늘 스스로 독서와 체험을 통해 배우고 익히면서 자아를 확충해나갔다. 사임당은 공경하는 시어머니나 친정 부모 앞에서도 자신의 의견이 분명했고, 남편보다 뛰어났으나 교만하지 않고 남편을 존중하는 가운데 때로는 훈계를 통해 함께 가정을 이끌고자 했다. 깊은 철학을 갖고 자녀들을 자애로우면서도 호되게 꾸짖으며 참교육을 시키고자 했다. 그리고 넉넉지 못한 형편에 무책임한 남편을 대신하여 부지런히 가사를 도모하며 알뜰하게 살림을 해나갔다. 더구나 그녀는 인간과 세상에 대한 끊임없는 고민과 성찰을 바탕으로 자신의 궁극적 목표와 삶의 방식을 정하고 다양한 영역에 걸쳐 재능을 보이며 자신의 예술 세계를 확보해나갔다.

신사임당은 위와 같이 가정적 개인적으로만 주체적이었을 뿐만 아니라 일부 오해하는 바와 달리 조선시대의 여성으로서 현대여성 못지않게 사회적으로도 주체적이고 합리적이었다. 오히려 현대여성들에게 미흡하다고도 할 수 있는 시민의식이 뛰어났다. 사회적 약자를 배려하고 윤리적 책임을 다하는 공익성 차원에서 신사임당은 적극적 행동을 보였던 멋진 여성이었다. 그녀는 늘 바깥 사회에서 생활하는 남편에게 잇속이 아닌 의리를 권유했고 공부하는 자녀들에게 청렴한 정신으로 국가에 봉사하기를 바랐다. 사임당은 학문과 실천을 통해 세상 사람들에게 필요한 사람이 되어야 한다는 소신을 갖고 있었고,

자신부터 그 역할과 책무를 다하고 싶어 했던 개혁적 인물이었다.

　다시 말해 신사임당의 성취에는 자기를 지지해주는 친정을 비롯한 여러 환경이 뒷받침되었지만 자신의 타고난 역량과 강인한 의지가 더 큰 요인이 되었다. 그녀는 스스로 부모에게 진정한 효녀, 효부였고 언제나 남편과 자녀들에게 귀감이 될 수 있었으며 집안 살림을 빈틈없이 챙겨나갔다. 그리고 그토록 부지런히 배려하는 인생을 살면서도 여성이라는 굴레에 속박당하지 않고 학문을 닦으며 자신이 좋아하는 그림 그리기를 멈추지 않았다. 더구나 사임당은 사회적 공공성을 목표로 의리와 청렴 등의 가치가 현실에 구현되기를 소망했고 자녀와 식솔들에게도 교육을 통해 그 점을 강조하면서 지식인의 길을 갔다.

　마침내 스스로 선택하고 책임을 다하는 주체적인 태도와, 균형과 조화의 융합적 가치의 지향이 그녀의 정체성을 이루는 가운데 사임당은 가정과 사회를 아우르며 힘들고 고단한 일상 속에서 미래적 가치를 창조할 수 있었다. 이와 같이 주체적인 노력을 통해 성취된 사임당의 모든 업적이 융합적 가치로 귀결될 수 있다는 데서 그녀의 개성은 빛이 난다.

　요컨대, 사임당은 현실을 수용하면서도 지혜롭게 시대적

모순을 극복해나갔다. 외적인 유연성으로 타자와 소통하면서도 내적인 강직함으로 자아를 확립해갔으며, 여성적 존재감을 잃지 않고 남성 중심의 가치관에 차분히 도전해갔다. 이처럼 사임당은 이상과 현실, 자아와 타자, 여성과 남성을 비롯하여 인간과 자연, 가정과 사회, 예술과 생활, 이성과 감성에 이르기까지 다양한 영역과 삶에 있어 균형과 조화를 이룩해낸 융합형 인재였다고 할 수 있다. 특히 그녀는 덕성이라는 인간적 가치를 수호한 조선의 지성인으로, 문화 창조적 예술 세계를 펼쳐나간 조선의 화가로 살다간 위대한 여성이었다.

2007년 한국은행은 현재 우리가 사용하고 있는 최고액권인 새 화폐 5만 원권의 도안에 들어갈 인물로 신사임당을 선정했다. 여성이 최초로 화폐 도안 인물로 선정되는 역사적 시점에 신사임당이 부각된 것은 다행스러운 일이다. 당시 인물 선정에 다소의 논란이 있었음에도 불구하고 한국은행은 "우리 사회의 양성평등 의식 제고와 여성의 사회 참여에 긍정적으로 기여하고 문화 중시의 시대정신을 반영하며 자녀의 재능을 살린 교육적 성취를 통해 교육과 가정의 중요성을 환기하는 등의 효과가 기대된다."고 설명한 바 있다.

향후에도 새롭게 신사임당에 대해 독립적인 위상을 제고시키는 일이 지속되어야 함은 물론 확고하게 사임당은 시대를 초월하여 꿈과 현실의 조화를 이룬 인물로, 재주와 덕성을 겸비한 '융합적 인재'로 자리매김되어야 한다고 생각한다.

융합적 인재, 신사임당